# 일본어로 채우는
# 명언 필사 노트

무라야마 도시오 편저

시사일본어사

    우리는 항상 무엇인가를 배우려고 합니다. 책을 통해 배울 수도 있으며, 사람의 이야기를 듣고 배울 수도 있습니다. 눈과 귀를 통해 들어오는 정보가 뇌 안에서 정리되고 기억으로서 정착되는 것이 학습의 프로세스라고 한다면, 정보를 받아들이는 입구가 되는 눈과 귀가 맡고 있는 역할은 매우 크다고 할 수 있습니다. 하지만 우리는 그것이 다가 아니라는 것을 알고 있습니다.

    여러분은 유치원이나 학교에서 '헬렌 켈러'의 이야기를 들은 적이 있으실 겁니다. 명언집 등에 자주 등장하는 인물입니다. 그녀는 생후 1년 7개월 때 걸린 병 때문에 시각과 청각을 잃은 후 말도 할 수 없게 되었습니다. 그녀를 암흑의 세계에서 구해낸 사람은 앤 설리번이라는 젊은 여선생님이었습니다. 설리번 선생님은 헬렌 켈러에게 손바닥 위에 글씨를 쓰는 방법으로 언어를 가르쳤다는 것은 많이 알려진 이야기입니다. 특히 헬렌 켈러가 물과 컵의 차이를 이해하지 못했을 때 우물에서 길어 올린 물로 그녀의 손을 적시며, 손바닥에 'water'라는 글씨를 써서 가르쳐 주었다는 에피소드는 너무 감동적입니다.

    좀 더 일상적으로 익숙한 예를 들어 보겠습니다. 예를 들어 요리를 배울 때 우리는 보통 레시피가 적힌 책이나 영상을 보거나 요리하는 사람 옆에서 만드는 것을 보며 따라 합니다. 그런데 실제로 요리법을 익히기 위해서는 재료 준비부터 조리할 때까지의 전 과정을 자신이 직접 해 봐야 알 수 있습니다. 재료를 다듬고, 씻고 쓰는 수작업을 원활하게 하려면 동작을 반복해서 연습해야 합니다.

언어 학습에 있어서는, 그 언어의 체계를 이해함과 동시에 '듣기, 말하기, 읽기, 쓰기'라고 하는 네 가지 영역의 훈련이 필요합니다. 그 중에서 '쓰기'는 학습의 마무리 단계인 동시에 학습한 내용을 기억에 정착시키기 위해 결정적인 역할을 하는 중요한 학습 영역입니다. 이 책은 그 역할에 주목하여 만들어졌습니다.

이 책에서 여러분이 필사하는 문장은 동서고금의 위인들이 남긴 명언입니다. 시대나 국적을 뛰어넘어 계속해서 회자되는 보물과 같은 말을 주제별로 정리하여 수록했습니다. 여러분이 직접 손으로 써 봄으로써 한층 더 가슴에 와 닿게 될 것입니다. 또한 쓰면서 저장된 기억은 오랫동안 머릿속에 남을 것입니다.

각각의 명언에는 해설과 단어 뜻이 제시되어 있습니다. 동일한 말을 일본어와 한국어로 어떻게 표현하는지 그 차이를 알게 되는 것도 본 교재를 통해 얻을 수 있는 또 하나의 학습 효과입니다. 하루에 한 문장씩 필사하며 여러분의 일본어도 한 단계 더 업그레이드되시기를 바라 마지 않습니다.

무라야마 도시오

　私たちはいつも何かを学ぼうとします。本を通じて学ぶこともあるし、人の話を聞いて学ぶこともあります。目や耳から入る情報が脳の中で整理され、記憶として定着することが「学習」のプロセスだとすれば、情報を受け入れる入口にあたる目や耳の果たす役割はとても大きいと言えるでしょう。けれど私たちはそれがすべてでないことを知っています。

　皆さんは幼稚園や学校で「ヘレン・ケラー」の話を聞いたことがあると思います。名言集などでもよく出てくる女性です。彼女は1歳7か月の時にかかった病気のために、視覚も聴覚も失い、その後話すこともできなくなりました。彼女をその暗黒の世界から救い出したのはアン・サリバンという若い先生でした。サリバン先生がヘレンケラーの手のひらに指で文字を書く方法で言葉を教えたのは有名な話です。特にヘレンが水とコップの違いが理解できなかったとき、井戸の水を汲んで手を濡らし、その手のひらに「water」という文字を書いて教えたというエピソードは感動的でした。

　もう少し身近な例をあげてみましょう。例えば料理を学ぶとき、私たちは普通、レシピが書かれた本を読んだり、映像を通じて、料理をする人が作る様子を間近に見ながら真似をしたりします。でも実際に料理の仕方を身につけるためには、材料を準備することから始めて、調理するまでの作業を直接自分がやっ

てみなければなりません。材料をそろえてから、洗ったり、切ったりする手作業をスムーズにするためにはその動作を繰り返し練習しなければなりません。

　言葉の学習ではその言葉の体系を理解するとともに、聴く、話す、読む、書くという四つの技能を練習することが必要です。そのうち「書く」技能は学習の仕上げの段階であると同時に、学習したことを記憶として定着させるために、決定的な役割を果たす重要な学習領域です。本書はその役割に注目して作られました。

　この本で皆さんに書いてもらう文章は、古今東西の優れた先人の残した有名な言葉です。時代や国の違いを越えて読み継がれる、人類の宝のような珠玉の言葉を、主題別に整理して収録しました。それらの言葉は皆さんが直接書いてみることで、一層胸に響くものになるでしょう。さらに書くことを通じて取り入れた記憶は深く、長くとどまり続けることでしょう。

　それぞれの名言には解説と単語の翻訳がついています。　同じ言葉を日本語と韓国語でどう書き表すのか、その違いを知ることも本書を通じて得られるもう一つの学習効果です。一日一つの名言を書きながら、皆さんの日本語学習がさらにもう一段階、グレードアップすることを願ってやみません。

村山俊夫

　사람은 어떤 목표를 정하고 계획을 세우면, 실천하기 위해 준비하고 행동으로 옮깁니다. 처음에는 순조로워 보이던 일도 차질이 생겨 난항을 겪게 되면 좌절할 수도 있습니다. 어떻게 문제를 해결하고 극복할까 고민하다 휴식을 취하기도 하며, 마음과 자세를 새롭게 가다듬고 다음 단계로 도약하기 위해 주위의 도움을 구하기도 합니다. 그 과정을 통해 이전보다 더 큰 성과를 달성할 수 있습니다. 최종적으로 목표가 성취된 후에는 자신이 겪은 모든 경험이 보물처럼 값지게 여겨지게 됩니다.

　이 책은 **인생의 터닝 포인트에서 힘을 얻을 수 있는 글귀**들로 구성되어 있습니다. 선인의 명언을 일본어로 직접 쓰면서 그 내용을 깊이 음미해 보시길 바랍니다.

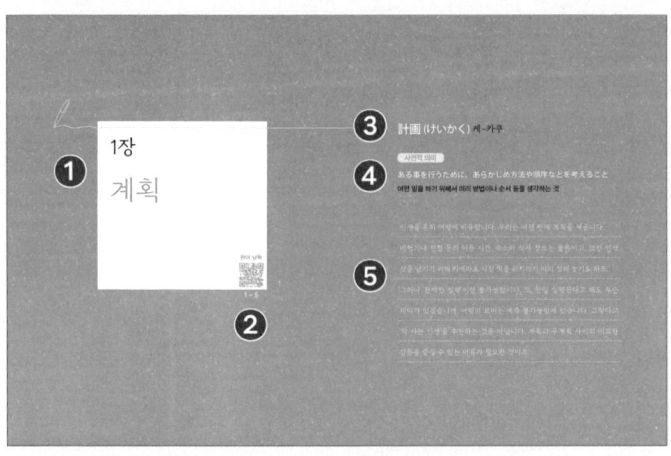

❶ 주제
❷ 원어민 음성 QR
❸ 일본어 표기와 발음
❹ 사전적 정의
❺ 주제에 대한 편저자의 생각

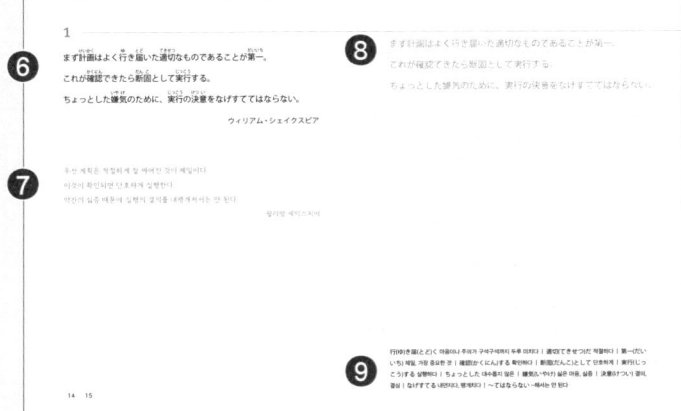

**6** 일본어로 명언 읽기
**7** 한국어 해석 보기
- 자연스럽게 의역된 부분도 있습니다.

**8** 따라 써 보기
**9** 단어 뜻 확인하기

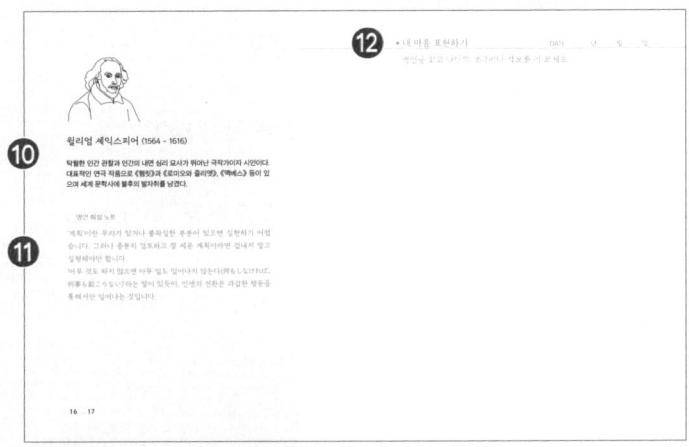

**10** 명언의 출처(발언자) 확인하기
**11** 명언 해설 참고하기
**12** 명언을 읽고 자신의 생각을 글로 써 보기

# 차례

# 차례

# 1장

## 계획

원어 낭독

1 ~ 5

# 計画 (けいかく) 케-카쿠

## ある事を行うために、あらかじめ方法や順序などを考えること
어떤 일을 하기 위해서 미리 방법이나 순서 등을 생각하는 것

인생을 흔히 여행에 비유합니다. 우리는 여행 전에 계획을 세웁니다.

비행기나 전철 등의 이동 시간, 숙소와 식사 장소는 물론이고, 멋진 인생

샷을 남기기 위해 카메라로 사진 찍을 위치까지 미리 정해 놓기도 하죠.

그러나 '완벽한 실행'이란 불가능합니다. 또, 만일 실행된다고 해도 무슨

재미가 있겠습니까. 여행의 묘미는 예측 불가능함에 있습니다. 그렇다고

'막 사는 인생'을 추천하는 것은 아닙니다. 계획과 무계획 사이의 미묘한

갈등을 즐길 수 있는 여유가 필요한 것이죠.

まず計画はよく行き届いた適切なものであることが第一。

これが確認できたら断固として実行する。

ちょっとした嫌気のために、実行の決意をなげすててはならない。

ウィリアム・シェイクスピア


우선 계획은 적절하게 잘 짜여진 것이 제일이다.

이것이 확인되면 단호하게 실행한다.

약간의 싫증 때문에 실행의 결의를 내팽개쳐서는 안 된다.

윌리엄 셰익스피어

まず計画はよく行き届いた適切なものであることが第一。

これが確認できたら断固として実行する。

ちょっとした嫌気のために、実行の決意をなげすててはならない。

行(ゆ)き届(とど)く 마음이나 주의가 구석구석까지 두루 미치다 | 適切(てきせつ)だ 적절하다 | 第一(だいいち) 제일, 가장 중요한 것 | 確認(かくにん)する 확인하다 | 断固(だんこ)として 단호하게 | 実行(じっこう)する 실행하다 | ちょっとした 대수롭지 않은 | 嫌気(いやけ) 싫은 마음, 싫증 | 決意(けつい) 결의, 결심 | なげすてる 내던지다, 팽개치다 | ～てはならない ~해서는 안 된다

# 윌리엄 셰익스피어 (1564 – 1616)

탁월한 인간 관찰과 인간의 내면 심리 묘사가 뛰어난 극작가이자 시인이다. 대표적인 연극 작품으로 《햄릿》과 《로미오와 줄리엣》, 《맥베스》 등이 있으며 세계 문학사에 불후의 발자취를 남겼다.

### 명언 해설 노트

'계획'이란 무리가 있거나 불확실한 부분이 있으면 실현하기 어렵습니다. 그러나 충분히 검토하고 잘 세운 계획이라면 겁내지 말고 실행해야만 합니다.

'아무 것도 하지 않으면 아무 일도 일어나지 않는다(何もしなければ、何事も起こらない)'라는 말이 있듯이, 인생의 전환은 과감한 행동을 통해서만 일어나는 것입니다.

명언을 읽고 나만의 생각이나 각오를 써 보세요.

天才？そんなものは決してない。

ただ勉強である。方法である。

不断に計画しているということだ。

オーギュスト・ロダン

천재? 그런 건 절대로 없다.

그저 공부와 방법뿐이다.

부단히 계획하는 것만이 있을 뿐이다.

오귀스트 로댕

天才？ そんなものは決してない。

ただ勉強である。方法である。

不断に計画しているということだ。

---

天才(てんさい) 천재 | そんなもの 그런 것 | 決(けっ)して 결코 | ただ 단지, 그저 | 勉強(べんきょう)
공부 | 方法(ほうほう) 방법 | 不断(ふだん)に 부단히 | 〜という ～라(고 하)는 | こと 것

## 오귀스트 로댕 (1840 – 1917)

19세기를 대표하는 프랑스의 조각가이다. '청동시대'라는 작품을 계기로 조각의 예술성을 확보하고, 단테의 《신곡》을 주제로 한 대작 '지옥의 문'으로 조각가로서의 지위를 확립했다. '생각하는 사람'은 그 작품의 일부분이다.

명언 해설 노트

로댕이 나타나기 전에 활동했던 조각가들은 돈을 내고 제작을 주문한 사람들을 만족시키기 위해, 아름다움이 돋보이는 작품을 만드는 데에만 치중했습니다.

그러나 로댕은 작품에 생명력과 역동성을 불어넣을 수 있는 표현 방법을 찾기 위해 끊임없이 탐구했습니다.

그의 출세작 '청동시대'의 치밀하고 사실적인 조형은 그의 집요한 연구와 계획적인 접근의 산물이지, 결코 순간적인 영감으로 만든 것이 아니었습니다. 천재는 따로 없는 것이었습니다.

今こそ「人生」という素晴らしい冒険を

この地球上で行える唯一の機会である。

だから、できる限り豊かに幸福に生きる計画を立て、

実行することだ。

デール・カーネギー

지금이야말로 '인생'이라는 멋진 모험을

이 지구상에서 할 수 있는 유일한 기회이다.

그래서 가능한 한 풍요롭게 행복하게 살 계획을 세우고

실행해야 한다.

데일 카네기

今こそ「人生」という素晴らしい冒険を

この地球上で行える唯一の機会である。

だから、できる限り豊かに幸福に生きる計画を立て、

実行することだ。

今(いま)こそ 지금이야말로 | 人生(じんせい) 인생 | 素晴(すば)らしい 훌륭하다, 멋지다 | 冒険(ぼうけん) 모험 | 地球上(ちきゅうじょう) 지구상 | 行(おこな)える (실행)할 수 있다 | 唯一(ゆいいつ) 유일 | 機会(きかい) 기회 | できる限(かぎ)り 가능한 한 | 豊(ゆた)かに 풍요롭게 | 幸福(こうふく)に 행복하게 | 生(い)きる 살다 | 立(た)てる 세우다 | ことだ ~해야 한다(조언·충고)

# 데일 카네기 (1888 - 1955)

미국의 작가로, 자기 계발을 주제로 한 강연과 저서를 통해 알려지게 되었다. 대표적인 저서로는 《인간 관계론》, 《자기 관리론》, 《성공 대화론》 등이 있다. 카네기 홀로 유명한 '철강왕 앤드류 카네기'와는 다른 인물이다.

( 명언 해설 노트 )

카네기는 젊었을 때 중고차 판매원 일을 했습니다. 이후, 배우 견습생, 교사 등 다양한 직업을 옮겨 다니며 좌절을 반복했다고 합니다. 스물 네 살 때 우연히 시작한 말하기 훈련 강의가 평이 좋아 일약 스타 강사가 되었고, 이후 그는 '사람을 움직이는 기술'을 연구하는 전문가의 길을 걷게 되었습니다.
행복하게 살기 위해 열정을 쏟고, 계획을 실행하여 성공에 도달하게 된 그의 인생 여정이야 말로 모험 그 자체라고 말할 수 있습니다.

# 4

僕は十年計画で敵を倒すつもりだったが、

近年これほど短気なことはないと思って、百年計画に改めました。

百年計画なら大丈夫。誰が出てきても負けません。

夏目漱石


나는 10년 계획으로 적을 쓰러뜨릴 생각이었지만,

근래, 이렇게 성급한 일은 없다고 생각하여, 100년 계획으로 다시 세웠습니다.

100년 계획이라면 문제없습니다. 누가 나와도 지지 않습니다.

나쓰메 소세키

僕は十年計画で敵を倒すつもりだったが、

近年これほど短気なことはないと思って、百年計画に改めました。

百年計画なら大丈夫。誰が出てきても負けません。

僕(ぼく) 나(남자의 자칭) ㅣ 敵(てき) 적 ㅣ 倒(たお)す 쓰러뜨리다 ㅣ つもりだ 생각(작정)이다 ㅣ 近年(きんねん) 근년, 근래 ㅣ これほど 이렇게, 이 정도로 ㅣ 短気(たんき)だ 성급하다 ㅣ 改(あらた)める 고치다, 새롭게 하다 ㅣ 〜なら ~라면 ㅣ 大丈夫(だいじょうぶ)だ 괜찮다, 문제없다 ㅣ 誰(だれ) 누구 ㅣ 出(で)てくる 나오다 ㅣ 負(ま)ける 지다, 패하다

## 나쓰메 소세키 (1867 - 1916)

일본의 개화기인 메이지 시대의 대표적인 소설가이다. 영국 유학 후 1905년 부터 《나는 고양이로소이다》를 집필하고 《도련님》, 《마음》 등 수많은 작 품을 통해 일본 근대 소설의 새 지평을 개척했다.

( 명언 해설 노트 )

소개된 명언은, 1906년에 지인인 다카하마 교시(高浜虛子)에게 보 낸 편지의 한 구절입니다. 다카하마 교시는 나쓰메 소세키에게 소 설 집필을 권유한 인물로 알려져 있습니다.

이 명언에서 '적'이 무엇인지 확실하지 않지만 부국 강병에 미친듯 이 질주하는 메이지 시대에 대한 지식인의 저항이라는 견해가 있습 니다. 당시 일본은 서양 열강들과 어깨를 나란히 하기 위해 10년의 변화를 1년만에 이루려고 이를 악물고 저돌적으로 맹진했습니다. 그러나 영국 유학을 통해 서양 문명의 토대는 벼락치기로 만들어진 것이 아니라는 사실을 실감했던 그는, 100년이라는 장기적 안목을 가지고 계획해야 한다고 역설한 것으로 보입니다.

どんな計画であれ、重要な要因はあなたの信念だ。

信念なくして立派な結果が出ることはない。

ウィリアム・ジェームズ

어떤 계획이든 중요한 것은 당신의 신념이다.

신념 없이 훌륭한 결과가 나오는 법은 없다.

윌리엄 제임스

どんな計画であれ、重要な要因はあなたの信念だ。

信念なくして立派な結果が出ることはない。

---

## 윌리엄 제임스 (1842 - 1910)

미국을 대표하는 사상가로, 실용주의적인 철학에 관한 그의 저서에서 미국식 사고방식을 읽어낼 수 있다는 평을 받고 있다. 저서로는 《심리학의 원리》, 《실용주의》 등이 있다

( 명언 해설 노트 )

자신이 세운 계획에 대한 신념이 없다면, 즉 성공하리라 굳게 믿는 믿음이 없다면 그 계획은 좋은 결과로 이어지지 못한다는 의미입니다.

제임스는 이 밖에도 '인생이 살 만한 가치가 있다고 믿어라. 그러면 가치 있는 삶을 살게 될 것이다(人生は価値あるものだと信じなさい。そう信じることで、それは現実になる)', '즐겁기 때문에 웃는 게 아니라, 웃기 때문에 즐거운 것이다(楽しいから笑うのではなく、笑うから楽しいのだ)'라는 말을 남기기도 했습니다.

# 2장

# 준비

# 準備 (じゅんび) 준-비

**ある行動をする前に、前もって必要なものを揃えたり態勢を整えること**

어떤 행동을 하기 전에 미리 필요한 것을 마련하거나 태세를 갖추는 것

인간은 자신의 행동의 결과에서 배움을 얻는 존재입니다.

나쁜 결과가 오면, 다음에 유사한 일을 당한다 해도 피해를 최소한으로 막기 위해 노력합니다.

반대로 좋은 결과가 오면, 다음에 더 큰 기쁨을 얻기 위해 최대한 준비합니다.

그러나 보다 현명한 준비는 비극에 처했을 때 전화위복을 꿈꾸고, 행복의 절정에 서 있을 때 최악의 결말에 대비하는 것이라고 생각합니다.

木を切り倒すのに6時間与えられたら、

私は最初の4時間を斧を研ぐのに費やす。

エイブラハム・リンカーン

나무를 베는 데 여섯 시간 주어진다면,

나는 처음 네 시간을 도끼를 가는 데 쓸 것이다.

에이브러햄 링컨

木を切り倒すのに６時間与えられたら、

私は最初の４時間を斧を研ぐのに費やす。

木(き) 나무 | 切(き)り倒(たお)す 베어 넘어뜨리다 | ～のに ~하는 데(에) | 時間(じかん) 시간 | 与(あた)
える 주다 | 与(あた)えられる 주어지다 | 私(わたし) 나, 저 | 最初(さいしょ) 최초, 처음 | 斧(おの) 도끼 |
研(と)ぐ 갈다 | 費(つい)やす 쓰다, 소비하다

# 에이브러햄 링컨 (1809 – 1865)

미국의 제16대 대통령으로, 노예 제도의 폐지를 주장하며 남북 전쟁에서 북군을 이끌고 승리를 거두었지만, 전쟁이 끝난 직후인 1865년에 암살당했다. '인민의 인민에 의한 인민을 위한 정부'라는 게티즈버그 연설로도 유명하다.

### 명언 해설 노트

링컨은 잘 알려진 바와 같이 미국 켄터키 주의 가난한 농가에서 태어나 어릴 때 통나무 집에서 자랐다고 합니다.

아홉 살 때 어머니를 여의고 궂은 일도 마다하지 않고 먹고 살기 위해 고생하면서 성장했던 그에게 도끼로 나무를 베는 일은 흔한 일상 속 풍경이었을 것입니다.

준비의 중요성이 강조된 이 명언에는 링컨의 삶에서 묻어난 실천적인 지혜가 담겨 있습니다.

過去も未来も生きることはできません。

明日のための最善の準備は

今日を素晴らしく生きることです。

ウィリアム・オスラー

과거도 미래도 살 수는 없습니다.

내일을 위한 최선의 준비는

오늘을 멋지게 사는 것입니다.

윌리엄 오슬러

過去も未来も生きることはできません。

明日のための最善の準備は

今日を素晴らしく生きることです。

過去(かこ) 과거 | 未来(みらい) 미래 | 生(い)きる 살다, 살아가다 | できない 못하다 | 明日(あした) 내일 |
〜のための 〜을 위한 | 最善(さいぜん) 최선 | 今日(きょう) 오늘

# 윌리엄 오슬러 (1849 - 1919)

캐나다에서 태어나 토론토 트리니티대학교에서 의학 공부를 시작했다. 내과 의사로 활동하면서 의학 교육에 많은 공적을 세웠으며 의대생의 레지던트 제도를 만들었다. 평생을 통해 1,600편 이상의 저서를 남겼다고 한다.

명언 해설 노트

의사로서 눈앞에서 아픔을 호소하고 있는 환자를 보면 어떤 생각이 들었을까요? 지나간 과거나 앞으로 다가올 미래도 중요하지만 현재 닥친 이 고통을 어떻게 받아들이고 견뎌낼 것인가에 대한 문제가 아마도 훨씬 절박하게 다가왔을 것 같습니다.
바로 '오늘'이 중요합니다. 최선을 다한 오늘 하루는 내일의 힘이 될 것입니다. 오늘을 어떻게 사느냐에 따라 내일의 모습이 달라질 수 있으니까요.
비슷한 명언도 함께 새겨 보시기 바랍니다.

明日に向けての最良の準備は、今日のベストを尽くすことです。
내일을 위한 최고의 준비는 오늘 최선을 다하는 것입니다.

ゆうゆうと焦らずに歩むものにとって、長すぎる道はない。

辛抱強く準備するものにとって、遠すぎる利益はない。

ジャン・ド・ラ・ブリュイエール

유유히 조급해하지 않고 걷는 자에게 있어서 너무 긴 길이란 없다.

참을성 있게 준비하는 자에게 있어서 너무 먼 이익이란 없다.

장 드 라 브뤼예르

ゆうゆうと焦らずに歩むものにとって、長すぎる道はない。

辛抱強く準備するものにとって、遠すぎる利益はない。

ゆうゆうと 유유히 | 焦(あせ)らずに 조급해하지 않고(말고), 초조해하지 않고(말고) | 歩(あゆ)む 걷다 |
もの 자, 사람, 것 | ～にとって ~에게 있어서 | 長(なが)すぎる 너무 길다 | 道(みち) 길 | 辛抱強(しんぼう
づよ)い 참을성이 많다 | 遠(とお)すぎる 너무 멀다 | 利益(りえき) 이익

## 장 드 라 브뤼예르 (1645 - 1696)

프랑스의 작가로, 처음에 변호사, 세무관 등으로 일하다 당시 최고 권력자인 콩데 공 가문의 가정 교사로 들어가 손자 부르봉 공작에게 문학을 가르쳤다. 이때 사색과 독서를 하면서 귀족 생활을 관찰하며 풍자적으로 묘사한 《레 카라크테르》로 유명해졌다.

### 명언 해설 노트

지금 걸어가는 길이 너무나 먼 길처럼 느껴지다 보면 마음이 조급해질 수밖에 없습니다. 이때 발걸음을 재촉하다가 넘어질 수도 있습니다.
시간과 공을 들여 잘 검토하면서 확실하게 준비해 나가야 실패할 확률이 낮아집니다.
초조한 마음을 억누르고 먼 곳을 바라보는 여유가 오히려 더 빨리 목표 지점에 이르게 해 줄 것입니다.

# 9

成功は常に準備と機会が出会った時に、

やってくるものです。

ジョン・ピアポント・モルガン




성공은 항상 준비와 기회가 서로 만났을 때에

찾아오는 법입니다.

존 피어폰트 모건

成功は常に準備と機会が出会った時に、

やってくるものです。

成功(せいこう) 성공 │ 常(つね)に 늘, 항상, 언제나 │ 出会(であ)う 우연히 만나다, 마주치다 │ 時(とき) 때 │
やってくる 다가오다, 찾아오다

# 존 피어폰트 모건 (1837 - 1913)

미국의 기업인으로, 세계적 금융 회사인 J.P.모건의 창업자이다. 1871년에 모건 상회를 설립하여 자산을 운용했고, 철도, 철강, 해운, 금융 등의 회사를 소유하며 미국의 산업계를 지배했다.

명언 해설 노트

전 세계 60개국에 종합 금융 서비스를 제공하는 거대 기업을 설립한 인물입니다. 이렇게 대단한 성공을 맛본 사람도 성공의 주요 요소로 '준비'를 강조하고 있습니다. 평소에 준비를 철저히 해 두다 보면 기회가 찾아왔을 때 성공을 거두게 된다고 말하고 있습니다.
즉, 성공은 단순한 운이 아니라 준비와 기회의 결합이라는 의미입니다. 평범해 보이는 말이지만, 시대와 지역을 초월한 진리입니다.

船を作りたいなら、木を買い、道具を揃え、作業を配分し

仕事を組織するよう、命令するのではいけない。

代わりに、広く果てしのない海へのあこがれを教えるのだ。

アントワーヌ・ド・サンテグジュペリ

배를 만들고 싶다면, 나무를 사고, 도구를 갖추고, 작업을 분담하고

일을 조직하도록 명령해서는 안 된다.

대신, 넓고 끝없는 바다에 대한 동경심을 가르쳐 주어야 한다.

앙투안 드 생택쥐페리

船を作りたいなら、木を買い、道具を揃え、作業を配分し

仕事を組織するよう、命令するのではいけない。

代わりに、広く果てしのない海へのあこがれを教えるのだ。

船(ふね) 배 | 作(つく)る 만들다 | 〜たい ~(하)고 싶다 | 買(か)う 사다 | 道具(どうぐ) 도구 | 揃(そろ)える
갖추다 | 作業(さぎょう) 작업 | 配分(はいぶん)する 배분하다 | 仕事(しごと) 일, 작업 | 組織(そしき)
する 조직하다 | 命令(めいれい)する 명령하다 | 〜ては(では)いけない ~해서는 안 된다 | 代(か)わりに
대신 | 広(ひろ)い 넓다 | 果(は)てしのない 끝없는 | 海(うみ) 바다 | 〜への ~으로의, ~에 대한 | あこがれ
동경 | 教(おし)える 가르치다

# 앙투안 드 생택쥐페리 (1900 - 1944)

프랑스의 소설가이자 우편 수송을 맡은 비행사로도 활동했다. 대표작으로는 《어린 왕자》, 《야간 비행》 등이 있다. 1944년 공군에 합류하여 정찰 임무를 수행하다 추락 사고로 사망했다.

( 명언 해설 노트 )

어떤 조직을 이끄는 위치에 있다면 이 명언을 가슴에 새겨 보는 것도 좋을 듯합니다. 직원들에게 임무를 완수하게 하고 성공시키고 싶다면, 무조건 지시하거나 명령하는 것은 좋지 않습니다. 그들로 하여금 그 목표를 이루어 낼 수 있도록 꿈을 키워 주는 것이 훨씬 효과적입니다. 드넓은 바다가 얼마나 아름다운지를 알려준다면, 그들은 스스로 재료를 준비하고 일을 분담하여 바다를 항해할 수 있는 튼튼한 배를 만들어 낼 것입니다.

# 3장

## 시작

원어 낭독

11~15

# 開始 (かいし) 카이시

사전적 의미

## ある行動を始めること。ある行為や状態が始まること
어떤 행동을 시작하는 것. 어떤 행위나 상태가 시작되는 것

'시작이 반이다', '일단 시작해 보자'라고 말하는 사람이 많습니다.

또 한편으로는, '그때 시작하지 말았어야 했는데...' 하며 후회하는 사람도

적지 않습니다.

일단 '무작정' 행동으로 옮긴 후에 길을 찾아가는 사람이 있는가 하면, 면

밀한 계획과 충분한 준비를 거친 후에 시작을 하는 사람도 있습니다. 어

떤 것이 옳을까요? 그건 각자가 판단할 몫이겠죠. 시작해야 할지 말지,

언제 시작하면 좋을지 등등, 삶은 역시 고민의 연속입니다.

人生が果敢な冒険でないなら、いったい何なのか。

変化に正面から向き合い、運命の前でも自由な精神をもって

振舞うことができるのは無敵の強さだから。

ヘレン・ケラー


인생이 과감한 모험이 아니라면 도대체 무엇이란 말인가.

변화에 정면으로 맞서, 운명의 앞에서도 자유로운 정신으로

행동할 수 있는 것이야말로 무적의 힘이다.

헬렌 켈러

人生が果敢な冒険でないなら、いったい何なのか。

変化に正面から向き合い、運命の前でも自由な精神をもって

振舞うことができるのは無敵の強さだから。

---

人生(じんせい) 인생 | 果敢(かかん)だ 과감하다 | 冒険(ぼうけん) 모험 | ～でないなら ~가 아니라면 |
いったい 대체, 도대체 | 何(なん) 무엇 | 変化(へんか) 변화 | 正面(しょうめん) 정면 | 向(む)き合(あ)う
마주 대하다 | 運命(うんめい) 운명 | 前(まえ) 앞 | 自由(じゆう)だ 자유롭다 | 精神(せいしん) 정신 |
～をもって ~을 가지고, ~으로 | 振舞(ふるま)う 행동하다 | できる 할 수 있다 | 無敵(むてき) 무적 |
強(つよ)さ 강함, 힘

## 헬렌 켈러 (1880 - 1968)

미국의 작가이자 사회운동가이다. 시각과 청각, 언어 장애를 가지고 있었으나 가혹한 삼중고의 세계에서 구해준 설리반 선생님의 헌신으로 새로운 인생을 되찾았다. 이후 장애인 인권 운동, 사회주의 운동 등 다방면으로 활동했다.

名言 해설 노트

인생 여정 속에서 누구나 예기치 못한 상황을 맞닥뜨리게 됩니다. 넘을 수 없을 것 같은 장벽 앞에서 제일 처음 드는 감정은 '절망'일 것입니다. 그리고 그 장벽은 시시각각 모습을 변화시키며 당신을 괴롭히려고 할 것입니다. 그러나 인생의 굴레에 얽매이지 않고 모든 가능성을 찾아 나서는 것이 바로 '자유 정신'입니다. '인생을 끊임없는 모험'으로 받아들인다면 언젠가 그 장벽을 뛰어넘을 수 있습니다. 그만큼 인간은 '무적의 힘'을 소유하고 있습니다. 마치 헬렌 켈러처럼 말이죠.

## 12

昨日は去った。明日はまだ来ない。

私たちには今日しかない。

さあ、始めよう！

マザー・テレサ

어제는 지나갔다. 내일은 아직 오지 않았다.

우리에게는 오늘밖에 없다.

자, 시작하자!

마더 테레사

昨日は去った。明日はまだ来ない。

私たちには今日しかない。

さあ、始めよう！

---

**昨日(きのう)** 어제 | **去(さ)る** 떠나다, 지나가다 | **まだ** 아직 | **来(く)る** 오다 | **～しか** ~밖에 | **さあ** 자, 어서 | **始(はじ)める** 시작하다, 개시하다

## 마더 테레사 (1910 – 1997)

인도에서 주로 활동한 로마 가톨릭 교회의 수녀로, 일평생 가난한 사람과 병든 사람, 고아, 집 없는 사람, 거동이 불편한 사람들을 위하여 헌신했으며 1979년 노벨 평화상을 수상했다.

( 명언 해설 노트 )

되돌릴 수 없는 지난날에 연연해하지 말고, 아직 찾아오지도 않은 미래를 염려하거나 두려워하지 말고, 눈앞에 마주한 현실을 헤쳐나가기 위해 '우선 할 수 있는 일부터 하자'고 그녀는 말하고 있습니다. 이념이나 이상만을 말하기 보다 실천의 중요성을 강조하고, 누구보다도 삶 속에서 몸소 실천했던 그녀의 말이기에 더욱 힘이 느껴집니다.

● 내 마음 표현하기        DATE     년    월    일

## 13

人は野心なしでは、何も始めない。

働かなければ、何事も成し得ない。

ほうびはあなたに与えられるのではなく、

あなたが勝ち取らなければならないものだ。

ラルフ・ワルド・エマーソン

사람은 야심 없이는 아무것도 시작하지 않는다.

일하지 않으면 아무것도 이룰 수 없다.

보상은 당신에게 주어지는 것이 아니라

당신이 스스로 쟁취해야만 하는 것이다.

랠프 월도 에머슨

人は野心なしでは、何も始めない。

働かなければ、何事も成し得ない。

ほうびはあなたに与えられるのではなく、

あなたが勝ち取らなければならないものだ。

人(ひと) 사람 | 野心(やしん) 야심, 야망 | なし 없음 | 何(なに)も 아무것도 | 働(はたら)く 일하다 | ～なければ ~하지 않으면, ~없으면 | 何事(なにごと) 어떤 일, 무슨 일 | なす 하다, 행하다 | 成(な)し得(え)る 이룰 수 있다, 해낼 수 있다 | ほうび 보상, 포상 | あなた 당신 | 勝(か)ち取(と)る 쟁취하다, 거두다 | ～なければならない ~(하)지 않으면 안 된다, ~(해)야 한다

# 랠프 월도 에머슨 (1803 – 1882)

미국의 철학자이자 시인이다. 교회의 형식주의에 의문을 느껴 유럽에 가서 새로운 철학 세계를 모색했다. 귀국 후 범신론적 초월주의 철학 입장에서 수 많은 강연을 펼쳤다. 특히 노예 제도를 강하게 반대하며 남북 전쟁 때 링컨 대통령을 지지한 것으로 알려져 있다.

> 명언 해설 노트

야심은 무엇인가 이루어 보겠다고 마음속에 품는 욕망이나 소망을 뜻합니다. 자신이 감당하기에 버거운 목표를 세울 때 갖게 되는 마음이기도 합니다. 철학자 헤겔도 '열정 없이 위대한 일이 이루어진 적은 이 세상에 없었다(この世で情熱なくして達成された偉大なことなどなかった)'고 했습니다.

야심은 탐욕과는 다른 뜻입니다. 야심이 목표를 향한 긍정적인 추진력이라고 한다면, 탐욕은 이기적이고 분수에 넘치는 욕심입니다. 에머슨은 이 명언을 통해 '대가가 주어지기를 기다리지 말고, 스스로 거두기 위해 힘과 용기를 내야 한다'고 격려하고 있습니다.

## 14

あなたにできること、あるいはできると夢見ていることがあれば、
今すぐ始めよ。向こう見ずは天才であり、力であり、魔法である。

ヨハン・ヴォルフガング・フォン・ゲーテ

당신이 할 수 있는 일, 혹은 할 수 있을 거라고 꿈꾸는 일이 있다면
지금 당장 시작하자. 무모함은 천재이자, 힘이자, 마법이다.

요한 볼프강 폰 괴테

あなたにできること、あるいはできると夢見ていることがあれば、

今すぐ始めよ。向こう見ずは天才であり、力であり、魔法である。

あるいは 혹은, 또는 ｜ 夢見(ゆめみ)る 꿈꾸다 ｜ あれば 있다면 ｜ 今(いま)すぐ 지금 바로(당장), 즉시 ｜
向(む)こう見(み)ず 앞뒤 생각 없이 무턱대고 하는 모양, 무모함 ｜ 天才(てんさい) 천재 ｜ ～であり ~이자,
~이며 ｜ 力(ちから) 힘 ｜ 魔法(まほう) 마법 ｜ ～である ~이다

# 요한 볼프강 폰 괴테 (1749 - 1832)

독일의 시인이자 소설가이다. 또한 과학자, 정치인, 법률가 등, 다방면의 직업을 가진 인물이기도 하다. 《젊은 베르테르의 슬픔》, 《파우스트》 등 다수의 작품이 있다.

### 명언 해설 노트

새로운 일을 시작할 때 불안한 마음은 누구나 갖기 마련인데, 괴테는 '일단 시작해 보라'고 권하고 있습니다. 결과를 두려워하지 않는 무모함이 오히려 마법과 같은 힘을 일으킨다고 힘주어 말하고 있습니다.

혹시 절망과 시련에 빠져 있다면 '눈물 젖은 빵을 먹어 보지 않은 사람은 인생의 참다운 의미를 모른다(涙とともにパンを食べた者でなければ人生の本当の味はわからない)'라는 괴테의 또 다른 명언도 함께 새겨 보시길 바랍니다.

## 15

何かを始めることは易しいが、それを継続することは難しい。
成功させることはなお難しい。

津田梅子

무언가를 시작하기는 쉽지만, 그것을 계속하기는 어렵다.

성공시키기는 더더욱 어렵다.

쓰다 우메코

何かを始めることは易しいが、それを継続することは難しい。

成功させることはなお難しい。

何(なに)か 무언가 | 易(やさ)しい 쉽다 | 継続(けいぞく)する 계속하다 | 難(むずか)しい 어렵다 | 成功
(せいこう)させる 성공시키다 | なお 더욱, 더더욱

## 쓰다 우메코 (1864 - 1929)

일본 최초 여자 유학생 중 한 명으로, 쓰다주쿠대학(津田塾大学)의 창시자
이다. 10년 넘게 미국에 머물렀던 유학 생활을 마치고 귀국한 후, 한평생 일
본 여성 교육에 힘썼다.

⸂ 명언 해설 노트 ⸃

여섯 살이라는 어린 나이에 미국 땅을 밟은 그녀는 11년간 미국에
서 교육을 받고, 귀국 후 일본 여성 교육에 뜻을 품고 활동을 시작
했습니다. 스물네 살 때 다시 미국으로 가서 대학을 마치고 일본에
서 중고등 교육에 열정을 쏟았습니다.
시작은 부모님의 뜻이었지만, 자신의 의지로 교육의 길을 이어갔습
니다. 일본 여성 교육에 큰 발자취를 남긴 그녀는 불굴의 정신으로
어려움을 극복해 나갔습니다.

● 내 마음 표현하기　　　　　　DATE　　　년　　　월　　　일

# 4장

## 좌절

원어 낭독

16~20

# 挫折 (ざせつ) 자세쯔

**仕事や計画などが途中で失敗し、だめになること。そのために意欲をなくしたり失望すること**

일이나 계획 등이 중도에 실패하여 망치게 되는 것. 그로 인해 의욕을 잃거나 실망하는 것

'좌절'은 '挫(꺾을 좌)'와 '折(꺾을 절)'로 이루어진 한자어로, 마음과 기세

가 꺾이는 것을 뜻합니다. 글자만 봐도 날카로운 아픔이 연상됩니다. 일

이 뜻대로 안 풀릴 때, 다들 잘 사는데 나만 뒤처진 것 같을 때 등등, 누구

나 한 번쯤은 좌절감을 느껴 봤을 것입니다. 그러나 좌절의 고통에서 벗

어나기 위해 술, 담배, 게임 등으로 대체하는 것은 좋지 않습니다. 오히려

통증이 깊어질 뿐이니까요. 어쩌면 일본 옛 시구절에 회복의 힌트가 있

을지도 모르겠습니다.

「친구들이 모두 나보다 훌륭해 보이는 날은

꽃 사 들고 돌아와 아내와 다정하게 지냈노라」　　　ㅡ 이시카와 다쿠보쿠

## 16

やったことはたとえ失敗しても、20年後には笑い話にできる。

しかし、やらなかったことは、20年後には後悔するだけだ。

マーク・トウェイン

이미 한 일은 비록 실패하더라도 20년 후에는 우스갯소리로 말할 수 있다.

그러나 하지 않았던 일은 20년 후에 그저 후회할 뿐이다.

마크 트웨인

やったことはたとえ失敗しても、20年後には笑い話にできる。

しかし、やらなかったことは、20年後には後悔するだけだ。

やる 하다 | たとえ 〜ても 비록(설령) ~하더라도 | 失敗(しっぱい)する 실패하다, 실수하다 | 〜後(ご)
~후 | 笑(わら)い話(ばなし) 우스운 이야기, 우스갯소리 | 後悔(こうかい)する 후회하다 | 〜だけ ~뿐

# 마크 트웨인 (1835 - 1910)

미국의 작가로, 아동 문학 작품이 대표작으로 알려져 있으나 풍자 문학 작가로서도 유명하다. 아동 문학의 대표작으로는 《톰 소여의 모험》, 《허클베리 핀의 모험》, 풍자 문학으로는 《도금 시대》 등이 있다.

명언 해설 노트

소년의 모험을 그린 《톰 소여의 모험》은 마크 트웨인의 경험에서 나온 이야기입니다. 《톰 소여의 모험》으로 큰 부자가 된 그는 한 발명 회사에 막대한 투자를 했지만 그 회사가 도산하고 말았습니다. 빈털터리가 될 뻔 했지만 10년 후에 《허클베리 핀의 모험》으로 다시 일어섰다고 합니다. 훗날 그는, 만일 그때 투자를 하지 않았더라면 '비참한 경험'도 해 보지 못하고, 작품에 깊이를 더하지도 못했을 것이라고 회고했다고 합니다.

## 17

失敗には達人というものはいない。

人は誰でも失敗の前には凡人だ。

アレクサンドル・プーシキン

실패에는 달인이란 없다.

사람은 누구나 실패 앞에서는 평범한 인간이다.

알렉산드르 푸시킨

失敗には達人というものはいない。

人は誰でも失敗の前には凡人だ。

達人(たつじん) 달인 ｜ ～という ~라는 ｜ 誰(だれ)でも 누구나, 누구든지 ｜ 凡人(ぼんじん) 범인, 보통 사람,
평범한 사람

# 알렉산드르 푸시킨 (1799 – 1837)

러시아의 소설가이자 시인으로, 최초로 구어 문학을 개척했으며 '러시아 문학의 아버지', '국민 시인'으로 불린다. 대표작으로 《삶이 그대를 속일지라도》, 《대위의 딸》 등이 있다.

( 명언 해설 노트 )

소개된 명언은 푸시킨의 서사 소설 《대위의 딸》 중에서 나온 말입니다. '누구나 실패하지 않는 사람은 없고, 어떤 분야의 전문가라 할지라도 실패 앞에서는 모두 다 평범한 인간에 불과하다'라는 의미를 포함하고 있습니다. 다른 말로 하면 '실패해도 낙담하지 말고 다시 도전해 보라'라고 말하고 싶은 것일지도 모릅니다. 소설의 주인공이 곤경에 빠져도 포기하지 않고 끝내 목숨을 부지할 수 있었던 것처럼 말입니다.

## 18

扉が閉じたら、もう一つの扉が開く。

だが、閉じられた扉をいつまでも

悔しそうにじっと見つめていては、

別の扉が開いたことに気づかない。

アレクサンダー・グラハム・ベル


문이 닫히면 또 하나의 문이 열린다.

그러나 닫혀 버린 문을 언제까지나

억울한 듯이 가만히 바라보고 있으면

다른 문이 열린 것을 눈치채지 못한다.

알렉산더 그레이엄 벨

扉が閉じたら、もう一つの扉が開く。

だが、閉じられた扉をいつまでも

悔しそうにじっと見つめていては、

別の扉が開いたことに気づかない。

扉(とびら) 문 ｜ 閉(と)じる 닫히다 ｜ 開(ひら)く 열리다 ｜ だが 그러나 ｜ 閉(と)じられる 닫혀지다 ｜
いつまでも 언제까지나, 영원히 ｜ 悔(くや)しい 분하다, 억울하다 ｜ ～そうに ~(한) 듯이 ｜ じっと 가만히,
지그시 ｜ 見(み)つめる 바라보다, 응시하다 ｜ 別(べつ)の 다른 ｜ 気(き)づく 깨닫다, 눈치채다, 알아차리다

# 알렉산더 그레이엄 벨 (1847 - 1922)

스코틀랜드에서 태어난 미국의 과학자이자 발명가로, 세계 최초로 전화를 발명한 것으로 알려져 있다. 그 외 다수의 발명으로 인류 역사상 가장 과학 발전에 이바지한 사람으로 평가되었다.


( 명언 해설 노트 )

일이 꼬여 더 이상 진전이 안 될 때, 아무에게도 도움을 받지 못해 곤란한 처지에 빠졌을 때, 흔히 '사방이 막혔다', '사면초가다'와 같은 표현을 씁니다. '모든 일이 여기서 끝'이라고 여겨질 때, 비관에 빠져 버리게 됩니다.

그러나 과학자 벨의 생각은 달랐습니다. 하나의 방법이 유효하지 않아도 시각을 바꿔 보면 다른 방법이 있을 수 있다고 간파했습니다. 스스로 보려고 하지 않기 때문에 보이지 않는 경우가 많습니다. 막힌 문 대신 다른 문을 둘러보세요. 의외로 가까운 곳의 문이 열려 있을 수 있습니다.

● 내 마음 표현하기 　　　　　　DATE 　　　 년 　　 월 　　 일

## 19

幾多の失敗を重ねたが、しかし恐縮はせぬ。

失敗はわが師なり、失敗はわが大なる進歩の一部なり。

大隈重信

수많은 실패를 거듭했으나 그래도 기죽지 않는다.

실패는 나의 스승이요, 실패는 나의 커다란 진보의 일부분이기 때문이다.

오쿠마 시게노부

幾多の失敗を重ねたが、しかし恐縮はせぬ。

失敗はわが師なり、失敗はわが大なる進歩の一部なり。

幾多(いくた) 수많이 | 重(かさ)ねる 거듭하다, 되풀이하다 | しかし 그러나, 하지만 | 恐縮(きょうしゅく)
송구, 황송, 위축 | ～せぬ ~하지 않다 | わが 나의, 우리의 | 師(し) 스승 | なり ~이다, ~인 것이다 | 大(だい)
なる 큰, 커다란 | 進歩(しんぽ) 진보 | 一部(いちぶ) 일부

## 오쿠마 시게노부 (1838 - 1922)

일본의 정치인이자 교육가로, 메이지 시대에 두 차례 내각 총리대신과 다섯 차례 외무대신을 역임했으며, 와세다 대학의 전신인 도쿄전문학교를 설립했다.

( 명언 해설 노트 )

일본의 메이지 시대(明治時代)는 새로운 것과 낡은 것이 교체되는 극도로 혼란스러운 시대였습니다. 성공한 인물로 후세에 평가받는 사람들도 수없이 많은 실패와 좌절을 반복했습니다. 그러나 자신이 처한 상황을 긍정적으로 받아들이고, 실패의 경험을 오히려 발전의 밑거름으로 삼은 사람만이 살아남을 수 있었습니다.

'실패는 성공의 어머니'라는 흔한 교훈처럼, 실패를 통해 계속해서 진보하고 발전해 나갈 수 있다는 것을 의심하지 않는 태도에서부터 회복의 불씨는 살아나는 것입니다.

## 20

われわれは皆、夢を見る。

偉大なことを成し遂げた人たちは、皆、「夢を見る人」なのだ。

多くの人たちは夢を途中であきらめてしまう。

しかし、何人かは夢をあきらめず

挫折した時も、不遇の日々も、夢をはぐくみ続ける。

そして、ある日突然、陽の光が差し込み

彼らの夢は実現するのである。

ウッドロー・ウィルソン

우리는 모두 꿈을 꾼다.

위대한 일을 이룬 사람들은 모두 '꿈을 꾸는 사람'이다.

많은 사람들은 꿈을 중간에 포기해 버린다.

그러나 몇몇 사람들은 꿈을 포기하지 않고,

좌절할 때도, 불우한 나날에도 꿈을 계속 키운다.

그러다 어느 날 갑자기 햇빛이 들어와

그들의 꿈은 실현되는 것이다.

우드로 윌슨

われわれは皆、夢を見る。

偉大なことを成し遂げた人たちは、皆、「夢を見る人」なのだ。

多くの人たちは夢を途中であきらめてしまう。

しかし、何人かは夢をあきらめず

挫折した時も、不遇の日々も、夢をはぐくみ続ける。

そして、ある日突然、陽の光が差し込み

彼らの夢は実現するのである。

---

われわれ 우리(들) | 皆(みな) 모두 | 夢(ゆめ)を見(み)る 꿈을 꾸다 | 偉大(いだい)だ 위대하다 | 成(な)し遂(と)げる 이루다, 달성하다 | 途中(とちゅう) 도중, 중간 | あきらめる 포기하다 | 不遇(ふぐう) 불우 | はぐくむ 기르다, 키우다 | 続(つづ)ける 계속하다 | 突然(とつぜん) 돌연, 갑자기 | 陽(ひ)の光(ひかり) 햇빛 | 差(さ)し込(こ)む 비쳐 들어오다 | 彼(かれ)ら 그들 | 実現(じつげん)する 실현하다, 실현되다

## 우드로 윌슨 (1856 - 1924)

미국의 역사가이자 정치학자로, 미국의 제28대 대통령을 역임했으며 '행정
학의 아버지'로도 불린다.

미국의 제28대 대통령 윌슨에 관한 업적으로 가장 많이 알려진 것
은 '국제 연맹'의 창설입니다. 전쟁 방지, 민족의 보호 등을 목표로
하는 이 국제기구는 2차 대전의 발발로 존재 이유가 소멸됐지만,
최대의 목표는 바로 인류의 꿈인 '평화'였습니다. 그때 한국도 민족
독립의 꿈을 꾸었으며 끝까지 포기하지 않았기 때문에 독립과 해방
의 날을 맞이할 수 있었습니다. '어느 날 갑자기'는 '우연히'가 아니
라 꾸준한 노력의 산물이었던 것입니다.

# 5장

## 극복

# 克服 (こくふく) 코쿠후쿠

## 努力して困難や苦しみに打ち勝つこと
노력하여 어려움이나 고통을 이겨 내는 것

'극복'이라는 말에는 '온 힘을 다해 맞선다'는 이미지가 있습니다. 다른 유사 표현으로는 「乗り越える(のりこえる) 뛰어넘다」, 「打ち勝つ(うちかつ) 이겨 내다」, 「打破する(だはする) 타파하다」, 등이 있습니다. 이는 모두 '열심히 행동'하는 모습이 내포되어 있습니다.

극복이란, 자신을 힘들게 하는 대상을 제거하거나 무력화시켜서 더 이상 나를 괴롭히지 못하게 만드는 것입니다. 한번에 해결하려 하지 말고 할 수 있는 부분부터 하나씩 해결해 가면 됩니다. 또, 잘 이겨낸 사람들의 방법을 따라해 볼 수도 있습니다. 이는 정신과 의사도 권장하는 '극복'의 방법이기도 합니다.

## 21

忍耐は腕力に勝る。いっぺんには克服できないことも、

少しずつ消化して行けば必ず克服できる。

プルタルコス

인내는 힘보다 뛰어나다. 단번에 극복하지 못하는 것도

조금씩 처리해 나가면 반드시 극복할 수 있다.

플루타르코스

忍耐は腕力に勝る。いっぺんには克服できないことも、

少しずつ消化して行けば必ず克服できる。

忍耐(にんたい) 인내 | 腕力(わんりょく) 완력, 팔의 힘, 육체적으로 누르는 힘 | 勝(まさ)る 낫다, 뛰어나다 |
いっぺんに 한번에, 한꺼번에, 단번에 | 克服(こくふく)する 극복하다 | 少(すこ)しずつ 조금씩 | 消化
(しょうか)する 소화하다, (주어진 일을) 해결하다, 처리하다 | 必(かなら)ず 반드시

# 플루타르코스 (46 - 119)

고대 그리스의 역사가이자 전기 작가이다. 또한 외교관이면서 철학자로도 활동했으며, 저서로는《영웅전》,《도덕론》등이 있다.

이 명언은 플루타르코스가 쓴《영웅전》에 나온 구절로, '인내는 폭력보다 더 강하다. 단번에 꺾지는 못해도 꾸준히 노력하면 정복할 수 있다'라는 의미입니다.

《영웅전》에는 고대 그리스의 도시 국가 중 하나인 '스파르타'에 대해 상세히 기술되어 있습니다. 지금도 엄격한 교육을 가리켜 '스파르타 교육'이라고 일컫는 것처럼 스파르타는 군국주의 사회로, 엄격한 통제 하에 있었습니다. 그와 같은 사회에서는 명예나 용기뿐만 아니라 인내심도 훌륭한 미덕으로 여겨졌습니다. '참을성은 물리적인 힘 이상의 능력을 발휘한다'는 것은 새겨들을 만한 현인의 지혜입니다.

## 22

束縛があるからこそ、私は飛べるのだ。

悲しみがあるからこそ、私は高く舞い上がれるのだ。

逆境があるからこそ、私は走れるのだ。

涙があるからこそ、私は前に進めるのだ。

マハトマ・ガンディー

속박이 있기에 나는 날 수 있는 것이다.

슬픔이 있기에 나는 높이 날아오를 수 있는 것이다.

역경이 있기에 나는 달릴 수 있는 것이다.

눈물이 있기에 나는 앞으로 나아갈 수 있는 것이다.

마하트마 간디

束縛があるからこそ、私は飛べるのだ。

悲しみがあるからこそ、私は高く舞い上がれるのだ。

逆境があるからこそ、私は走れるのだ。

涙があるからこそ、私は前に進めるのだ。

**束縛(そくばく)** 속박 ｜ **～からこそ** ~이기 때문에 ｜ **飛(と)ぶ** 날다 ｜ **悲(かな)しみ** 슬픔 ｜ **高(たか)い** 높다, 비싸다 ｜ **舞(ま)い上(あ)がる** 날아오르다 ｜ **逆境(ぎゃっきょう)** 역경 ｜ **走(はし)る** 달리다 ｜ **涙(なみだ)** 눈물 ｜ **進(すす)む** 나아가다

# 마하트마 간디 (1869 – 1948)

인도의 종교인으로, 비폭력주의와 불복종 운동을 제창했으며, 1947년 영국으로부터 인도의 독립을 이끌어 냈다.

'비폭력'과 '불복종'을 신조로 삼은 간디는, 인민을 탄압하는 식민 정책과 신분 차별 등의 억압에 대한 저항의 의지를 역설적으로 표현했습니다.

'속박'이 자유를 향해 날게 하는 강한 동기가 되고, '슬픔'이 사람을 힘차게 날아오르게 하는 계기가 되며, 걸음을 멈추게 하는 '역경'은 오히려 나를 달리게 하고, 상실의 '눈물'은 나를 더 앞으로 향하게 한다고 말하고 있습니다. 간디의 흔들림 없는 투쟁 의지가 잘 드러난 명언이라고 할 수 있습니다.

## 23

君の生涯の最も輝かしい日は、いわゆる成功の日ではなく、

悲嘆と絶望の中から、生への挑戦の気持ちと、

今に見ろ、やってみせるぞ、という気持ちとが

湧き上がるのを感じる日である。

ギュスターブ・フローベール


그대 생애의 가장 찬란한 날은 소위 성공의 날이 아니라,

비탄과 절망 속에서 삶에 대한 도전 정신과

'두고 봐라, 반드시 해내겠다'라는 마음이

솟아오르는 것을 느끼는 날이다.

귀스타브 플로베르

君の生涯の最も輝かしい日は、いわゆる成功の日ではなく、

悲嘆と絶望の中から、生への挑戦の気持ちと、

今に見ろ、やってみせるぞ、という気持ちとが

湧き上がるのを感じる日である。

君(きみ) 그대, 자네, 너 ｜ 生涯(しょうがい) 생애 ｜ 輝(かがや)かしい 빛나다, 찬란하다 ｜ いわゆる 소위, 이른바 ｜ 悲嘆(ひたん) 비탄 ｜ 絶望(ぜつぼう) 절망 ｜ 生(せい) 생, 삶 ｜ ～への ~에 대한 ｜ 挑戦(ちょうせん) 도전 ｜ 気持(きも)ち 마음, 기분 ｜ 今(いま)に 이제 곧, 언젠가 (꼭) ｜ 湧(わ)き上(あ)がる 솟아나다, 북받쳐 오르다 ｜ 感(かん)じる 느끼다

## 귀스타브 플로베르 (1821 – 1880)

사실주의와 예술 지상주의를 추구한 프랑스의 소설가이다. 파리대학 시절부터 과학적인 관찰과 객관적인 표현이 돋보이는 글을 썼으며, 대표작으로는 《보바리 부인》, 《감정 교육》 등이 있다.

명언 해설 노트

어떤 일에 매진하다 실패하면 누구나 좌절하게 됩니다. 처음에는 절망감에 사로잡히고 재기가 불가능할 것처럼 느껴집니다. 그러나 잘못된 부분을 바로 잡아 나가다 보면 반드시 그 상황을 극복하고 다시 일어설 수 있습니다. 인생에서 가장 보람을 느끼는 순간은 바로 그때입니다. 순조롭게 궤도에 올라 성공 가도를 달리고 있는 시간보다 더 빛나는 순간이 바로 그때인 것입니다. 어쩌면 우리는 성공하기 위해서 사는 것이 아니라 절망을 극복하는 날의 기쁨을 맛보기 위해 살아가는 것일지도 모릅니다.

人間はまじめに生きている限り、

必ず不幸や苦しみが降りかかってくるものである。

しかし、それを自分の運命として受け止め、辛抱強く我慢し、

さらに積極的に力強くその運命と戦えば、

いつかは必ず勝利するものである。

ルートヴィヒ・ヴァン・ベートーヴェン


인간은 성실하게 사는 동안에는,

반드시 불행과 고통이 닥쳐오는 법이다.

그러나 그것을 자신의 운명으로 받아들이고, 참을성 있게 견디고,

더 적극적으로 힘차게 그 운명과 싸운다면

언젠가는 반드시 승리하게 되어 있다.

루트비히 판 베토벤

人間はまじめに生きている限り、

必ず不幸や苦しみが降りかかってくるものである。

しかし、それを自分の運命として受け止め、辛抱強く我慢し、

さらに積極的に力強くその運命と戦えば、

いつかは必ず勝利するものである。

---

まじめだ 성실하다 | 生(い)きる 살다 | ～限(かぎ)り ~(하)는 동안에는 | 不幸(ふこう) 불행 | 苦(くる)しみ
고통, 괴로움 | 降(ふ)りかかる 덮치다, 닥치다 | ～ものだ ~(하)는 법이다, ~(하)기 마련이다 | 自分(じぶん)
자신 | 運命(うんめい) 운명 | ～として ~로서 | 受(う)け止(と)める 받아들이다 | 辛抱強(しんぼうづよ)い
참을성이 많다 | 我慢(がまん)する 참다, 견디다 | 積極的(せっきょくてき)だ 적극적이다 | 力強(ちから
づよ)い 힘차다 | 運命(うんめい) 운명 | 戦(たたか)う 싸우다 | 勝利(しょうり)する 승리하다

## 루트비히 판 베토벤 (1770 - 1827)

독일의 음악가로, 고전주의와 낭만주의 음악을 조화롭게 결합시킨 작곡가이다. 20대 후반부터 청력 장애를 앓고 음악가로서 절망적인 처지에 놓였으나 음악에 대한 열정으로 장애를 극복했으며, 교향곡 5번 '운명', 피아노 소나타 '월광', '비창' 등 다수의 작품을 남겼다.

명언 해설 노트

베토벤은 전 세계 사람들로부터 인정받는 위대한 천재 작곡가이지만, 그런 그에게도 불행과 고뇌의 그림자는 늘 따라붙었습니다.
10대 시절, 어머니를 여의고, 알코올 중독자인 아버지 대신 동생의 교육비와 생활비를 책임져야 했습니다. 음악 활동의 최절정기인 20대부터 청력을 잃기 시작했습니다. 그러나 그는 절망하지 않고 수많은 명곡을 세상에 남겼습니다. 고난과 역경을 거친 베토벤이 남긴 말이라 더 마음에 울림이 있습니다.

人生のほとんど全ての不幸は、自分に関する事柄について、

誤った考え方をするところから生じる。

出来事を健全に判断することは、幸福への大きな第一歩である。

スタンダール

인생의 거의 대부분의 불행은 자신에 관한 일에 대해,

잘못된 생각을 하는 데에서 생긴다.

자신에게 일어난 일을 건전하게 판단하는 것은 행복으로 이어지는 큰 첫걸음이다.

스탕달

人生のほとんど全ての不幸は、自分に関する事柄について、

誤った考え方をするところから生じる。

出来事を健全に判断することは、幸福への大きな第一歩である。

ほとんど 대부분 | 全(すべ)て 모두 | 〜に関(かん)する ~에 관한 | 事柄(ことがら) 사항, 일, 형편, 사정 |
〜について ~에 대해 | 誤(あやま)る 잘못되다 | 考(かんが)え方(かた) 사고방식 | 生(しょう)じる 생기다 |
出来事(できごと) 사건, 일어난 일 | 健全(けんぜん)だ 건전하다 | 判断(はんだん)する 판단하다 | 幸福
(こうふく) 행복 | 〜への ~으로(의) | 第一歩(だいいっぽ) 첫걸음

# 스탕달 (1783 - 1842)

프랑스의 소설가로, 리얼리즘을 추구한 작가이다. 발자크와 함께 프랑스 근
대 소설을 개척한 사람으로 알려져 있다. 대표작으로는《적과 흑》,《파르마
의 수도원》등이 있다.

명언 해설 노트

프랑스 혁명 시기에 프랑스에서 태어났지만 이탈리아를 더 사랑했
던 스탕달의 인생은 가히 파란만장했습니다. 아버지에 대한 반발로
프랑스 혁명에 동조하고 군인이 된 후에는 한때 음탕한 생활에 빠
져 버리기도 했다고 합니다. 오랜 관료 생활을 지낸 스탕달은 훗날
로마의 프랑스 영사가 되었습니다.
러시아 소설가 도스토옙스키도 이런 말을 남겼습니다.
'인간은 자신이 행복하다는 것을 알지 못해서 불행한 것이다(人は
自分が幸福であることを知らないから不幸なのである)'
역시 사람은 자신에 대한 올바른 생각과 판단이 서지 않으면 불행
해질 수밖에 없는 것 같습니다.

• 내 마음 표현하기　　　　　　DATE　　　년　　월　　일

# 6장

# 휴식

원어 낭독

26~30

# 休息 (きゅうそく) 큐-소쿠

のんびりとくつろぐこと。仕事や移動などの行動を止めて体を
休めること
느긋하게 휴식을 취하는 것. 일이나 이동 등의 행동을 멈추고 몸을 쉬게 하는 것

열심히 일에 매진하다가 지쳤을 때, 또는 실패해서 넘어졌을 때 잠시 쉬

는 것도 나쁘지 않습니다. 옛 속담에 '넘어진 김에 쉬어 간다'고도 하지 않

았습니까.

이따금 휴식 시간에 꾸벅꾸벅 졸다가 달콤한 꿈이라도 꾸었을 때는, 이

대로 영원히 깨지 않았으면 하는 망상에 사로잡히기도 합니다.

과연 사람은 일을 계속하기 위해 쉬는 것인지, 황홀한 휴식을 즐기기 위

해 힘들게 일을 하고 있는지 헷갈릴 때가 있습니다.

疲れた人は、しばし路傍の草に腰を下ろして、

道行く人を眺めるがよい。

人は決してそう遠くへは行くまい。

イワン・ツルゲーネフ

지친 사람은 잠시 길가의 풀밭에 앉아

걸어가는 사람들을 바라보면 좋다.

사람은 결코 그리 멀리 가지 않을 것이다.

이반 투르게네프

疲れた人は、しばし路傍の草に腰を下ろして、

道行く人を眺めるがよい。

人は決してそう遠くへは行くまい。

疲(つか)れる 피곤하다, 지치다 ｜ しばし 잠시 ｜ 路傍(ろぼう) 길가 ｜ 草(くさ) 풀, 풀밭 ｜ 腰(こし)を
下(お)ろす 앉다 ｜ 道行(みちゆ)く人(ひと) 행인, 지나가는 사람 ｜ 眺(なが)める 바라보다 ｜ 決(けっ)して
결코 ｜ 遠(とお)い 멀다 ｜ 行(い)く 가다 ｜ 기본형 + まい ~(하)지 않을 것이다, ~(하)지 않겠지

## 이반 투르게네프 (1818 – 1883)

러시아의 작가로, 러시아 문학을 대표하는 도스토옙스키, 톨스토이와 함께 사실주의 문학의 3대 거장으로 손꼽힌다. 대표작으로는 《사냥 일기》, 《아버지와 아들》 등이 있다.

( 명언 해설 노트 )

내가 잠시 걸음을 멈추고 숨을 고르는 사이에도 다른 사람들은 걸어갑니다. 그들을 보다 보면 여러 가지 생각이 듭니다.
'저 사람은 저렇게 걷고 있구나, 아, 저 사람은 저런 표정을 짓고 있구나, 나는 어떤 모습일까?' 등등 이런저런 생각들이 들 것입니다. 혹은 '나만 뒤쳐지면 어쩌지? 나도 빨리 움직여야 하는데...' 하면서 초조해질 수도 있습니다.
그러나 너무 서두를 필요는 없습니다. 잠시 동안의 관찰과 성찰의 시간은 결코 시간 낭비가 아닙니다. 그렇게 뒤쳐질 정도로 그들의 걸음 속도도 빠르지 않으니까요.

## 27

時々、機会を見つけて外出しなさい。

そして、リラックスしよう。

外から帰ってくると、あなたの判断はより確かなものになります。

いつも仕事にへばりついていると、

あなたは判断力を失ってしまいます。

レオナルド・ダ・ヴィンチ

때때로 기회를 찾아 외출하세요.

그리고 릴랙스해 보세요.

밖에서 돌아오면 당신의 판단은 보다 확실해질 것입니다.

항상 일에만 달라붙어 있으면

당신은 판단력을 잃고 말 것입니다.

레오나르도 다 빈치

時々、機会を見つけて外出しなさい。

そして、リラックスしよう。

外から帰ってくると、あなたの判断はより確かなものになります。

いつも仕事にへばりついていると、

あなたは判断力を失ってしまいます。

時々(ときどき) 가끔, 때때로 │ 見(み)つける 발견하다, 찾아내다 │ 外出(がいしゅつ)する 외출하다 │
リラックスする 릴랙스하다 │ 外(そと) 밖 │ 帰(かえ)る (집으로) 돌아오다, 돌아가다 │ より 보다, 한결 │
確(たし)かだ 확실하다 │ 〜になる ~해지다 │ いつも 언제나, 항상 │ 仕事(しごと) 일, 업무 │ へばりつく
달라붙다 │ 判断力(はんだんりょく) 판단력 │ 失(うしな)う 잃다, 잃어버리다

# 레오나르도 다 빈치 (1452 - 1519)

르네상스 시대에 이탈리아가 낳은 위대한 천재로, 그림, 건축, 과학, 의학 등
다양한 분야에 걸쳐 많은 업적을 남겼다. 대표적인 회화 작품으로는 '모나리
자'와 '최후의 만찬' 등이 있다.

명언 해설 노트

레오나르도 다 빈치가 '천재'라고 불린 이유는, 예술 작품뿐만 아니
라 헬기, 전차, 무기, 태양 에너지, 계산기, 해부학, 토목공학, 광학
등 다방면에 걸친 분야에서 업적을 남겼기 때문입니다.
그의 '외출'은 단순한 기분 전환이 아니라 자연 세계의 새로운 법칙
의 발견을 기대하는 호기심의 발로였을 것입니다.

## 28

人間にとって、完全な休息のうちにあり、

情念もなく、仕事もなく、気晴らしもなく、

集中することもなしでいるほど、耐え難いことはない。

すると、自己の虚無、孤独、不足、従属、

無力、空虚が感じられてくる。

ブレーズ・パスカル

인간에게 있어서 완전한 휴식 속에 있고,

정념도 없고, 일도 없고, 기분 전환도 없고,

집중하는 일도 없이 있는 것만큼 견디기 힘든 것은 없다.

그러면 자기 허무, 고독, 부족, 종속,

무력, 공허가 느껴진다.

블레즈 파스칼

人間にとって、完全な休息のうちにあり、

情念もなく、仕事もなく、気晴らしもなく、

集中することもなしでいるほど、耐え難いことはない。

すると、自己の虚無、孤独、不足、従属、

無力、空虚が感じられてくる。

---

~にとって ~에게 있어서 | 完全(かんぜん)だ 완전하다 | うち 속, 안 | 情念(じょうねん) 정념 | 気晴(きば)らし 기분 전환 | 集中(しゅうちゅう)する 집중하다 | ~ほど ~만큼 | 耐(た)え難(がた)い 견디기 힘들다 | 自己(じこ) 자기 | 虚無(きょむ) 허무 | 孤独(こどく) 고독 | 不足(ふそく) 부족 | 従属(じゅうぞく) 종속 | 無力(むりょく) 무력 | 空虚(くうきょ) 공허 | 感(かん)じる 느끼다

## 블레즈 파스칼 (1623 - 1662)

프랑스의 철학자이자 과학자이며 신학자이다. 어려서부터 수학과 기하학에 두각을 나타내어 16세 때 '파스칼의 정리'를 증명했으며 이듬해 아버지의 세무 관리 일을 돕기 위해 기계식 수동 계산기를 발명했다. '인간은 생각하는 갈대이다'라는 유명한 말을 남겼다.

( 명언 해설 노트 )

몸에 쌓인 피로를 풀고, 기분을 전환하기 위해서라도 휴식은 매우 소중한 시간이라고 할 수 있습니다.

그러나 휴식도 너무 장시간 지속되면 좋지 않다고 합니다. 육체적으로도 정신적으로도 아무것도 하지 않는 시간이 길어지다 보면, 오히려 고독감이나 무력감, 공허함을 느끼게 될 수 있으니 무엇이든지 균형 있게 조절하는 것이 가장 유익한 것 같습니다.

## 29

<ruby>大<rt>おお</rt></ruby>きな<ruby>悲<rt>かな</rt></ruby>しみには<ruby>勇気<rt>ゆう き</rt></ruby>をもって<ruby>立<rt>た</rt></ruby>ち<ruby>向<rt>む</rt></ruby>かい、

<ruby>小<rt>ちい</rt></ruby>さな<ruby>悲<rt>かな</rt></ruby>しみには<ruby>忍耐<rt>にんたい</rt></ruby>をもって<ruby>立<rt>た</rt></ruby>ち<ruby>向<rt>む</rt></ruby>かえ。

ビクトール・ユーゴ―

커다란 슬픔에는 용기를 가지고 맞서 싸우고,

작은 슬픔에는 인내를 가지고 대처하라.

빅토르 위고

大きな悲しみには勇気をもって立ち向かい、

小さな悲しみには忍耐をもって立ち向かえ。

悲(かな)しみ 슬픔 | 勇気(ゆうき) 용기 | 〜をもって ~을/를 가지고 | 立(た)ち向(む)かう 맞서다, 대항하다,
대처하다 | 忍耐(にんたい) 인내

## 빅토르 위고 (1802 – 1885)

프랑스의 대표적인 낭만주의 작가로, 제2공화정 시대에는 정치인으로서 활동했으며, 나폴레옹 3세의 쿠데타에 반대하여 오랜 세월 망명 생활을 했다. 대표작으로는《레 미제라블》,《파리의 노트르담》등이 있다.

명언 해설 노트

사람은 누구나 인생 여정 속에서 크고 작은 슬픔을 겪게 됩니다. 자신에 대한 실망이나 굴욕감에 사로잡히기도 하고, 좌절감을 맛보기도 합니다. 이와 같이 일상에서 겪게 되는 사소한 감정은 잠시 정신을 가다듬고 참고 기다리다 보면 이내 회복될 수 있습니다.

그러나 상상을 뛰어넘을 만큼 커다란 불행과 슬픔이 닥쳤을 때는 참고 인내하는 것만으로는 극복할 수 없는 경우가 많습니다. 오히려 슬픔에 맞서 직면할 수 있는 용기가 필요합니다. 이것은 시공을 초월한 진리입니다.

## 30

人は心を楽しませて、苦しめないことが最もよい。

が、体は大いに動かし労働することがよく、

休養しすぎてはいけない。

貝原益軒

사람은 마음을 즐겁게 하고 괴롭히지 않는 것이 가장 좋다.

하지만 몸은 많이 움직이고 노동하는 것이 좋으며,

너무 많이 쉬어서는 안 된다.

가이바라 에키켄

人は心を楽しませて、苦しめないことが最もよい。

が、体は大いに動かし労働することがよく、

休養しすぎてはいけない。

楽(たの)しませる 즐겁게 하다 | 苦(くる)しめる 괴롭히다, 고통을 주다 | 最(もっと)も 가장 | 大(おお)いに 크게, 많이 | 動(うご)かす 움직이다, 움직이게 하다 | 労働(ろうどう)する 노동하다 | 休養(きゅうよう)する 휴양하다, 편안히 쉬다 | 동사 ます형 + すぎる 지나치게 ~하다 | ～てはいけない ~해서는 안 된다

## 가이바라 에키켄 (1630 – 1714)

일본 에도 시대(1603~1868)의 약초 학자이자 유학자로, 50여 년간 의학, 민속학, 역사, 지리, 교육 등 다양한 분야에서 업적을 남겼다. 동양 의학과 약초학의 연구를 통해 200권 이상의 책을 썼으며 가장 대표적인 저서로는 《양생훈》이 있다.

⟨ 명언 해설 노트 ⟩

그는 평소 사람들에게 운동, 음식, 휴식 등에 대해 구체적이고 실천적인 건강법을 제시하고, 약의 효능과 노후의 생활 방법 등을 가르쳐 주었습니다. 또한 맹자의 '군자의 삼락'에 빗대어 '양생삼락(養生三樂)'을 권했는데, 이는 선(善)을 쌓기를 즐기고, 건강한 생활을 즐기고, 장수를 즐기는 것을 의미합니다. 양생삼락은 단순한 즐거움을 나타내는 것이 아니라 도덕적 성장과 건강 관리, 그리고 장수의 삶을 조화롭게 쌓는 것을 뜻합니다.

# 7장

# 전환

31~35

# 転換 (てんかん) 텐-칸-

従来の方法に限界が生じた時、方向、方針などを違った方向に変えること

기존 방법에 한계가 생겼을 때 방향, 방침 등을 다른 방향으로 바꾸는 것

사람의 선택이나 결심에는 종종 차질이 따르곤 합니다. 그것을 깨달았을 때, 여러분은 과감하게 방향을 바꿀 수 있습니까? 그동안의 계획과 준비가 헛되지 않게 하기 위해, 마음을 굳게 먹고 다른 선택을 해야 할 때가 찾아옵니다.

'이 길밖에 없다, 이렇게 할 수밖에 없다' 하고 고심 끝에 내린 판단이 다시 잘못될 수도 있지만, 그 또한 세상의 이치입니다. 자포자기하거나 일을 집어치우지만 않는다면 승리의 기회는 또 다시 찾아올 것입니다.

存在することは変化すること、

変化することは成熟すること、

成熟することは絶え間なく自分を創り上げることです。

アンリ・ベルクソン

존재하는 것은 변화하는 것,

변화하는 것은 성숙하는 것,

성숙하는 것은 끊임없이 자신을 창조해 내는 것입니다.

앙리 베르그송

存在することは変化すること、

変化することは成熟すること、

成熟することは絶え間なく自分を創り上げることです。

---

存在(そんざい)する 존재하다 | 変化(へんか)する 변화하다 | 成熟(せいじゅく)する 성숙하다 | 絶(た)え
間(ま)ない 끊임없다 | 創(つく)り上(あ)げる 만들어 내다, 창조해 내다

## 앙리 베르그송 (1859 - 1941)

프랑스의 철학자로, 시간을 주제로 한 연구를 통해 하이데거, 사르트르 등 전 세계의 철학자에게 큰 영향을 주었으며, 1927년에 노벨 문학상을 수상했다.

'시간'과 '지속'은 베르그송 철학의 핵심을 이루는 개념입니다. 그는 두 개념을 통해 세상을 이해하고 본질을 직관적으로 알아내는 방법을 연구했다고 합니다.

인간은 끊임없는 변화를 거듭하면서 새로운 것을 창조하는 존재라고 생각했습니다. 여기서 '변화'란 '전환'을 의미하며, 긍정적인 방향으로 계속해서 흘러가는 것을 말합니다. 우리가 '시간 철학'까지는 알지 못한다 할지라도 흘러가는 시간 속에서 새로운 변화와 흐름에 잘 적응할 수만 있다면 고민이 없을 것 같습니다.

## 32

他人の真似をするより、

持っている大事なものを失わなかったなら、

やがて自信のつく日が来るであろう。

このことは、工芸の道ばかりではない。

浅川　巧

남의 흉내를 내기 보다

가지고 있는 소중한 것을 잃지 않는다면

언젠가는 자신감을 되찾는 날이 올 것이다.

이는 비단 공예의 길뿐만이 아니다.

아사카와 다쿠미

他人の真似をするより、

持っている大事なものを失わなかったなら、

やがて自信のつく日が来るであろう。

このことは、工芸の道ばかりではない。

真似(まね) 흉내, 시늉 ｜ ～より ~보다 ｜ 持(も)つ 가지다, 들다 ｜ 大事(だいじ)だ 중요하다, 소중하다 ｜
～なら ~면, ~라면 ｜ やがて 머지않아, 곧, 언젠가 ｜ 自信(じしん) 자신, 자신감 ｜ つく 붙다 ｜ 日(ひ) 날 ｜
工芸(こうげい) 공예 ｜ ばかり ~뿐, ~만

## 아사카와 다쿠미 (1891 - 1931)

일제 강점기에 한국에서 활동했던 일본인 도예 학자로, 형인 노리타카와 함께 조선백자를 비롯한 전통 공예품을 사랑했고, 작품이 정당한 평가를 받을 수 있도록 힘쓴 일본인이다. 그의 장례식에는 수많은 조선 사람이 함께 했으며 망우리 공원 묘지에 안장되었다.

명언 해설 노트

훌륭한 누군가를 롤 모델로 삼아 자신의 삶을 전환시키려고 하는 경우가 많습니다. 그러나 아사카와 다쿠미는 '본래 자신이 가지고 있는 소중한 가치를 찾아내고 지켜가는 것이 더 중요하다'고 말하고 있습니다. 사실 이 글귀 앞에는 '지쳐 버린 조선이여'라는 말이 달려 있습니다. 민족 문화가 가진 생명력을 다시 찾는 것이야말로 진정한 부활이라고 힘주어 말하며 당시, 자신감을 상실한 한국인을 향하여 호소하고 있는 글귀의 일부입니다.

## 33

狂気とはすなわち、同じことを繰り返し行い、
違う結果を期待することだ。

アルベルト・アインシュタイン

광기란 즉, 같은 일을 반복해서 하면서
다른 결과를 기대하는 것이다.

알베르트 아인슈타인

狂気とはすなわち、同じことを繰り返し行い、

違う結果を期待することだ。

## 알베르트 아인슈타인 (1879 - 1955)

상대성 이론으로 유명한 20세기 최고의 물리학자로, 1921년에 노벨 물리학상을 수상했으며, 나치의 박해와 암살 위협을 피해 1933년 미국으로 망명했다. 이후 미국이 원자 폭탄을 제조하고 사용한 것을 비판하면서 버트런드 러셀 등과 함께 평화 운동에 매진했다.

#### 명언 해설 노트

몇 번이나 같은 방법을 시도했는데 계속 실패한다면 그 행동은 의미가 없는 것이고, 그 방법을 바꾸지 않는 것은 시간과 자원의 낭비이며, 비합리적인 태도입니다. 아인슈타인은 그러한 태도를 '광기', 즉 미친 짓이라고 했습니다.

과학 분야에서, 같은 방법의 실험을 통해 항상 같은 결과가 나온다면, 그것은 가설의 정당함을 증명한 것이 되겠지만, 만일 잘못이 증명되었다면 방법을 수정해야 합니다. 수정하지 않는다면 과학적인 태도가 아닙니다. 변화를 받아들이고 새로운 도전을 하는 것이 아인슈타인의 양심이었던 것입니다.

## 34

このままでは目指す山頂にたどり着けない時、
変更すべきは道であって、目指す山頂ではない。

バルタザル・グラシアン

이대로라면 목표로 하는 산 정상에 도달할 수 없을 때,

변경해야 할 것은 길이지, 목표로 하는 산 정상이 아니다.

발타자르 그라시안

このままでは目指す山頂にたどり着けない時、

変更すべきは道であって、目指す山頂ではない。

---

このまま 이대로 | 目指(めざ)す 지향하다, 목표로 하다 | 山頂(さんちょう) 산 정상, 산꼭대기 | たどり
着(つ)く 겨우 목적지에 다다르다 | 変更(へんこう)する 변경하다 | ～すべき ~해야만 하는

# 발타자르 그라시안 (1601 – 1658)

17세기 스페인의 신학자이자 철학자이다. 스페인과 프랑스 카탈루냐 연합군의 반란 때는 스스로 전쟁터로 출정하여 '싸움의 사제'로 불리기도 했다. 《영웅》, 《정치인》 등 정치와 관련된 저서를 남겼다.

명언 해설 노트

등산 도중, 기후 변화 등의 이유로 원래 가고자 했던 산 정상에 다다르지 못할 때가 있습니다. 그러나 심한 악천후가 아닌 이상, 등산로를 변경해서 목적지로 향하지, 목적지 자체를 변경하지는 않습니다. 인생도 마찬가지입니다. 목표를 향해 나아갈 때 수많은 난관이 찾아올 수 있습니다. 그럴 때 목표까지 도달하는 경로, 즉 나아가는 길을 바꾸면 됩니다. 조금 힘들다고 목표를 수시로 변경하거나 도전을 포기해 버린다면 우리는 영원히 지향하는 목표에 도달할 수 없게 됩니다.

## 35

変化の秘訣は、エネルギーを

古いものと戦うのではなく、

新しいものを築くことに集中することです。

ソクラテス

변화의 비결은, 에너지를

낡은 것과 싸우는 것이 아닌,

새로운 것을 구축하는 데에 집중하는 것입니다.

소크라테스

変化の秘訣は、エネルギーを

古いものと戦うのではなく、

新しいものを築くことに集中することです。

秘訣(ひけつ) 비결 ｜ エネルギー 에너지 ｜ 古(ふる)い 낡다, 오래 되다 ｜ 戦(たたか)う 싸우다 ｜ 新(あたら)
しい 새롭다 ｜ 築(きず)く 쌓다, 구축하다, (견고하게) 만들다 ｜ 集中(しゅうちゅう)する 집중하다

## 소크라테스 ( B.C 470 – 399)

고대 그리스의 철학자로, 그의 생애에 대해서는 수수께끼가 많다. 시민의 고발로 체포되어 재판을 받게 되고 유죄 판결을 순순히 받아들여 독을 마시고 생을 마감했다고 한다. 제자인 플라톤이 남긴 《대화편》 등을 통해서만 소크라테스가 남긴 말과 철학을 알 수 있다.

> 명언 해설 노트

사람은 태어나서 죽을 때까지 끊임없이 '변화'를 반복합니다.
변화는 다른 사람이 일으켜 주길 기다리는 것이 아니라 스스로의 힘으로 일으켜야 하는 것입니다. 사실 변화는, 이전의 낡은 것을 허물면서 동시에 새로운 것을 만들어내는 과정 중에 일어나는 것이지만, 낡은 것을 없애는 것에만 몰두하다 보면 새로운 것에 쓸 수 있는 에너지가 고갈될 수 있습니다. 새로운 것을 만드는 데에 보다 에너지를 집중해야 성장과 변화를 이끌어낼 수 있습니다.

# 8장

# 협력

원어 낭독

36~40

# 協力 (きょうりょく) 쿄-료쿠

사전적 의미

## 複数の人、組織などが力を合わせ目的のために行動すること
여러 사람, 조직 등이 힘을 합쳐 목적을 위해 행동하는 것

협력은 크게 두 가지 경우에 이루어집니다.

'이해관계가 일치한 개인이나 집단이 모여 서로의 이익을 최대한으로 끌

어올릴 때'와 '이해관계에 상관없이 윤리적 가치를 공유할 때'입니다.

전자는 협력할 수 있는 범위와 대상이 좁고, 상황의 변화에 따라 무너지

기 쉽지만, 후자는 훨씬 폭넓은 협력 관계를 이룰 수 있고, 상황이 변해도

흔들리지 않는 경우가 많습니다.

太陽が雨の役目を果たそうとするだろうか。

彼らはそれぞれ異なっていながら、

同一の目的に向かって協力してはいないだろうか。

マルクス・アウレリウス


태양이 비의 역할을 하려고 들까.

그들은 각기 서로 다르면서도

동일한 목적을 향해 협력하고 있지 않는가.

마르쿠스 아우렐리우스

太陽が雨の役目を果たそうとするだろうか。

彼らはそれぞれ異なっていながら、

同一の目的に向かって協力してはいないだろうか。

太陽(たいよう) 태양, 해 ┃ 雨(あめ) 비 ┃ 役目(やくめ) 역할 ┃ 果(は)たす 다하다, 완수하다 ┃ 의지형(おう/よう)とする ~(하)려고 하다 ┃ 彼(かれ)ら 그들 ┃ それぞれ 각각, 각기 ┃ 異(こと)なる 다르다 ┃ 동사 ます형+ながら ~(하)면서 ┃ 同一(どういつ) 동일 ┃ 目的(もくてき) 목적 ┃ ~に向(む)かう ~을/를 향하다

# 마르쿠스 아우렐리우스 (121 – 180)

고대 로마의 제16대 황제로, 스토아 학파의 철학에 대해 박식하여 법률 제정과 빈민 지원 등으로 국정을 잘 다스렸으며 로마를 태평성대로 이끈 5현제(五賢帝) 중 한 사람으로 불린다. 저서 《명상록》은 인생의 지혜를 담은 명저로, 오늘날까지도 전 세계에서 널리 읽히고 있다.

## 명언 해설 노트

《명상록》에 나온 이 말은 매우 쉬운 표현으로 보이지만, '동일한 목적'이 과연 무엇을 말하는지에 대해 여러 견해가 있을 수 있습니다. 농업을 주된 경제 활동으로 하는 국가라면 해와 비는 곡식을 성장시키는 데 빼놓을 수 없는 생명의 원천이라고 할 수 있습니다.

하지만 한편으로, 그는 전쟁의 시대에 슬기롭게 살아가며 자신의 사위와 공동 황제로서 그 시대를 질주했던 인물인 만큼, 국정 운영이라는 공동의 목표와 목적을 향해 각자의 역할에 충실하게 살고자 다짐하는 마음을 드러낸 문장이라고도 해석할 수 있습니다.

## 37

お互いに助け合わないと生きていけないところに、

人間最大の弱みがあり

その弱みゆえにお互いに助け合うところに、

人間最大の強みがあるのである。

下村湖人

서로 도와주지 않으면 살아갈 수 없는 것에

인간 최대의 약점이 있고

그 약점 때문에 서로 도와주는 것에

인간 최대의 강점이 있는 것이다.

시모무라 고진

お互いに助け合わないと生きていけないところに、

人間最大の弱みがあり

その弱みゆえにお互いに助け合うところに、

人間最大の強みがあるのである。

お互(たが)いに 서로 | 助(たす)け合(あ)う 서로 돕다 | 生(い)きる 살다 | ところ 곳, 것, 데 | 人間(にん
げん) 인간 | 最大(さいだい) 최대 | 弱(よわ)み 약점 | ゆえに ~이므로, ~때문에 | 強(つよ)み 강점

## 시모무라 고진 (1884 - 1955)

규슈 사가현 출신으로, 도쿄제국대학 졸업 후 중학교와 고등학교 교장직을 역임했다. 1936년부터 대표작인 《지로 이야기》를 잡지에 연재하여 1955년 세상을 떠나기 직전까지 집필했다.

명언 해설 노트

사람은 다른 동물에 비해 신체 기능이 약한 존재라고 합니다. 그래서 사회를 이루고 서로 의존하며 집단으로 살게 되었습니다. 외적의 침입이나 자연 재해에 대해서도 공동체를 통해 맞서고, 조직적인 집단 행동으로 대처했는데, 이는 과학 기술의 발전과 함께 비약적으로 강한 힘을 얻게 되었습니다. 이처럼 상호 협조는 인간을 살아남게 하는 위대한 힘입니다.

## 38

人は互いの助けがあれば、

ずっと簡単に必要なものを準備できる。

そして力を合わせれば、

あらゆるところで襲ってくる危険を

もっと簡単に避けられる。

バールーフ・デ・スピノザ


사람은 서로의 도움이 있으면

훨씬 쉽게 필요한 것을 준비할 수 있다.

그리고 힘을 합치면

온갖 곳에서 닥칠 위험을

더 쉽게 피할 수 있다.

바뤼흐 스피노자

人は互いの助けがあれば、

ずっと簡単に必要なものを準備できる。

そして力を合わせれば、

あらゆるところで襲ってくる危険を

もっと簡単に避けられる。

助(たす)け 도움, 구조 | ずっと 훨씬 | 簡単(かんたん)だ 간단하다, 쉽다 | 必要(ひつよう)だ 필요하다 |
力(ちから) 힘 | 合(あ)わせる 합치다 | あらゆる 모든, 온갖 | 襲(おそ)う 덮치다, 습격하다 | 危険(きけん)
위험 | もっと 더, 더욱 | 避(さ)ける 피하다

## 바뤼흐 스피노자 (1632 – 1677)

네덜란드의 철학자로, 라이프니츠, 데카르트와 함께 17세기 합리주의 철학의 대표적인 인물이다. 대표적인 저서로는 《에티카》가 있다.

( 명언 해설 노트 )

스피노자가 살던 시대는 아직 산업 혁명이 일어나기 전으로, 유럽 전체가 경제 불황, 종교 대립, 전염병 유행 등으로 대표되는 '17세기의 위기'라 불리는 혼란의 시대를 겪고 있었습니다. 반면에 아시아 무역을 독차지한 네덜란드와 모직물 무역으로 자본을 축적해 나간 영국과 같은 나라는 다른 유럽 국가와 달리, 사회적 단결과 협조로 국가의 위기를 막고 번영을 구가할 수 있었기 때문에 네덜란드 출신의 스피노자는 자신의 경험을 통해 '협력'의 중요성을 설파했던 것입니다.

## 39

人間は、優れた仕事をするためには、

自分一人でやるよりも他人の助けを借りるほうが

良いものだと悟った時、偉大なる成長を遂げる。

アンドリュー・カーネギー

인간은, 훌륭한 일을 하기 위해서는

자기 혼자서 하는 것보다 타인의 도움을 빌리는 것이

좋은 것임을 깨달았을 때 위대한 성장을 이룬다.

앤드류 카네기

人間は、優れた仕事をするためには、

自分一人でやるよりも他人の助けを借りるほうが

良いものだと悟った時、偉大なる成長を遂げる。

優(すぐ)れる 뛰어나다, 훌륭하다 | 他人(たにん) 타인, 다른 사람 | 助(たす)け 도움 | 借(か)りる 빌리다 |
悟(さと)る 깨닫다, 진리를 터득하다 | 偉大(いだい)だ 위대하다 | 成長(せいちょう) 성장 | 遂(と)げる 이루다

# 앤드류 카네기 (1835 – 1919)

미국의 기업인으로, 철도, 광산, 화물 수송 등 많은 회사를 경영하며 '철강왕'
이라는 별명을 얻을 정도로 막강한 부를 축적한 인물이다.

그는 성장 과정에서 많은 사람들의 도움을 받았다고 합니다. 철도
회사에 있을 때는 부사장인 스코트의 지원을 받아 주식 투자의 요
령과 비결을 배울 수 있었습니다. 미국의 남북 전쟁을 거쳐 군수 산
업에서 성공한 이후에는 역대 대통령과도 친교를 맺었습니다.
이 명언은 '성공에 이르기까지 혼자 고군분투한 것이 아니라 다른
사람의 도움을 빌리며 이룬' 그의 경험에서 얻은 결론이었습니다.
물론, 어떤 사람의 도움과 협조를 얻을 것인가, 즉 '사람 보는 안목'
은 따로 키워야 하는 것이겠죠.

## 40

公共の益に資するものを提供し合わねばならない。

交代で義務を果たし、

もちつもたれつ技術と労力と資力を分け合って、

人と人の間に社会のきずなを結ばねばならない。

マルクス・トゥリウス・キケロ

공공의 이익에 도움이 되는 것을 서로 제공해야 한다.

교대로 의무를 다하고,

상부상조하여 기술과 노동력과 재력을 서로 나누며,

사람과 사람 사이에 사회적 유대를 맺어야 한다.

마르쿠스 툴리우스 키케로

公共の益に資するものを提供し合わねばならない。

交代で義務を果たし、

もちつもたれつ技術と労力と資力を分け合って、

人と人の間に社会のきずなを結ばねばならない。

公共(こうきょう)の益(えき) 공공의 이익 ｜ 資(し)する 이바지하다, 도움이 되다 ｜ 提供(ていきょう)し
合(あ)う 서로 제공하다 ｜ ～ねばならない ~하지 않으면 안 된다, ~해야 한다 ｜ 交代(こうたい) 교대 ｜
義務(ぎむ) 의무 ｜ もちつもたれつ 서로 도움, 상부상조 ｜ 技術(ぎじゅつ) 기술 ｜ 労力(ろうりょく) 노동력,
일손 ｜ 資力(しりょく) 자력, 재력 ｜ 分(わ)け合(あ)う 서로 나누다 ｜ 間(あいだ) 사이 ｜ 社会(しゃかい) 사회 ｜
きずな 인연, 유대 ｜ 結(むす)ぶ 맺다

## 마르쿠스 툴리우스 키케로 (B.C 106 - 43)

고대 로마 공화정 말기의 정치가이자 철학자이며 변호사의 역할도 했다. 스토아 철학을 기초로 한 연설문 등이 남아 있고, 《의무론》, 《노년에 관하여》 등 다수의 저서가 있다. 명문가였지만 정적인 안토니우스를 비판하여 나중에 살해당했다.

### 명언 해설 노트

2천 년 전 로마에서 군주 정치, 독재 정치에 반대하고, 시민의 자유를 귀하게 여긴 것은 놀라운 일입니다. 물론 민주 정치라고 부르기에는 불충분한 부분이 많았습니다. 그러나 이 명언에서 말하는 것처럼 '공공의 이익을 위해 서로 교대로 의무를 수행하고 기술과 노동력, 재산까지 서로 나누는 사회'를 유지하기 위해 활발히 활동한 사람 중 한 명이 바로 키케로였습니다.

# 9장

## 성취

41~45

# 成就 (じょうじゅ) 죠-쥬

사전적 의미

**物事が成功し、願っていたことが達成されること**

일이 성공하여 바라던 것이 달성되는 것

「叶う(かなう)」라는 말이 있습니다. 간절히 바라던 것이 이루어질 때 이 표현을 씁니다. 사업 성공, 시험 합격, 연애 성취 등 사람이 살아가는 데 있어 중요한 고비를 잘 넘길 수 있도록 사람들은 바라고 또 바랍니다. 「人事をつくして天命を待つ」라는 표현도 있습니다. 최선을 다한 후에는 하늘의 명령, 즉 신의 심판을 기다릴 뿐이라는 의미로, 일본인의 인생관 이기도 합니다.

熱心に思い描いて、

「こうなるように」とあらかじめ望んでいることは、

将来、本当にその望み通りのことが実現することがある。

思うに、人間の願望が物事の成就の先駆けであると

悟るべきである。

サミュエル・スマイルズ

열심히 마음에 그리며

'이렇게 되기를' 하고 미리 바라고 있으면

장차 실제로 그 바람대로 실현될 수 있다.

생각건대, 인간의 열망이 모든 일의 성취보다 앞선다는 것을

깨달아야 한다.

새뮤얼 스마일스

熱心に思い描いて、

「こうなるように」とあらかじめ望んでいることは、

将来、本当にその望み通りのことが実現することがある。

思うに、人間の願望が物事の成就の先駆けであると

悟るべきである。

---

熱心(ねっしん)に 열심히 | 思(おも)い描(えが)く 마음에 그리다, 상상하다 | あらかじめ 미리 | 望(のぞ)む
바라다, 원하다 | 将来(しょうらい) 장래, 장차 | 望(のぞ)み 소망, 바람 | ～通(どお)り ~대로 | 思(おも)うに
생각건대 | 願望(がんぼう) 원하고 바람 | 物事(ものごと) 만사, 모든 일 | 先駆(さきが)け 선구, 앞장섬 |
悟(さと)る 깨닫다 | ～べきである ~(해)야 한다

# 새뮤얼 스마일스 (1812 - 1904)

영국의 작가이자 개혁가로, 에딩버러 대학에서 의학 공부를 하다 이후 작가
활동에 전념했다. 대표적인 저서로는 《자조론》, 《인격론》 등이 있다. 특히
《자조론》은 개화기 일본의 의식 개혁에 큰 영향을 주었다고 한다.

명언 해설 노트

어떤 일을 시작하려고 할 때 가장 먼저 필요한 것은 자신의 의지와
희망입니다. 이것은 어려움을 극복할 수 있는 원동력입니다.
새뮤얼 스마일스의 대표 저서인 《자조론》은 전 세계적으로 판매된
베스트셀러였습니다. 이 책을 통해 자주 독립 정신을 제창하였으
며, '하늘은 스스로 돕는 자를 돕는다(天は自ら助ける者を助ける)'
는 유명한 말을 남기기도 했습니다.

## 42

たまたま私の身に起こることが私を偉大にするのではなく、

私の行うことが、私を偉大にする。

キルケゴール

우연히 나에게 일어난 일이 나를 위대하게 만드는 것이 아니라

내가 하는 일이 나를 위대하게 만든다.

키에르케고르

たまたま私の身に起こることが私を偉大にするのではなく、

私の行うことが、私を偉大にする。

たまたま 우연히, 마침 | 身(み) 몸, 입장 | 起(お)こる 일어나다 | 偉大(いだい)だ 위대하다 | 行(おこな)う
하다, 행하다

## 키에르케고르 (1813 - 1855)

덴마크의 철학자로, 실존주의의 창시자라고 불린다. 대표적인 저서로는
《반복》,《죽음에 이르는 병》,《아이러니의 개념-소크라테스를 염두에 두고》
등이 있다.

### 명언 해설 노트

사람이 성공해서 위대한 성과를 만들어 냈다면, 그것은 우연히 놓
인 상황에서 수동적으로 만들어진 것이 아니라 자신의 의지로 만들
어낸 것임을 표현하고 있습니다.
'인생은 뒤를 돌아봐야 이해될 수 있지만, 인생은 앞을 향해서 나아
가야 한다(人生は振り返って初めて理解できるものだが、人生は前
を向いて生きなければならない)'라는 그의 또 다른 명언 속에서도
진취적이고 적극적인 삶의 자세가 잘 나타납니다.
이 밖에도 키에르케고르는 '절망은 죽음에 이르는 병이다(絶望は死
に至る病だ)'라는 명언을 남기기도 했습니다.

成功はすべて人間の悪しき性質を誘い出し、

不成功は良き性質を育てる。

カール・ヒルティ

성공은 인간의 모든 나쁜 성질을 이끌어내고,

실패는 인간의 좋은 성질을 길러준다.

카를 힐티

成功はすべて人間の悪しき性質を誘い出し、

不成功は良き性質を育てる。

悪(あ)しき 나쁜 | 性質(せいしつ) 성질 | 誘(さそ)い出(だ)す 끌어내다, 불러내다 | 不成功(ふせいこう)
성공하지 못함, 실패 | 良(よ)き 좋은 | 育(そだ)てる 키우다, 기르다

# 카를 힐티 (1833 - 1909)

스위스의 하원 의원을 역임한 후에 법학자, 저술가로 활동했다. 신과 인간, 생과 사, 사랑 등을 주제로 많은 사상서를 남겼다. 대표적인 저서로는 《행복론》, 《잠 못 이루는 밤을 위하여》 등이 있다.

사람은 성공을 이룬 뒤에는 교만해지거나 더 좋은 결과를 만들어내기 위한 노력을 게을리 하기 쉽습니다. 그러나 성공을 거두지 못한 경우에는 오히려 더 노력을 기울이고 분발하는 계기로 삼을 수 있습니다.
우리는 누구나 항상 좋은 결과를 바라지만, 성공과 실패가 반복되는 것이 인생인 것입니다.

● 내 마음 표현하기 DATE    년    월    일

## 44

不可能に思えることに粘り強く挑戦する者でなければ

達成可能に思えることも成し遂げることはできない。

マックス・ウェーバー

불가능해 보이는 것에 끈질기게 도전하는 자가 아니라면

달성 가능해 보이는 것도 해낼 수 없다.

막스 베버

不可能に思えることに粘り強く挑戦する者でなければ

達成可能に思えることも成し遂げることはできない。

不可能(ふかのう)だ 불가능하다 | 思(おも)う 생각하다 | 粘(ねば)り強(づよ)い 끈기 있다, 끈질기다 |
挑戦(ちょうせん)する 도전하다 | 者(もの) 자, 사람 | 達成(たっせい) 달성 | 可能(かのう)だ 가능하다 |
成(な)し遂(と)げる 끝까지 해내다, 완수하다, 이룩하다

## 막스 베버 (1864 - 1920)

독일의 사회학자이자 법학자, 철학자로, 정치학과 경제학에도 정통했던 인물이었다. 마르크스주의, 사회주의 이론에 비판적이었으며 대표적인 저서로는 《프로테스탄트 윤리와 자본주의 정신》, 《직업으로서의 정치》 등이 있다.

---

명언 해설 노트

이 명언은 사회학과 정치학, 경제학, 역사학 등 다양한 분야에서 훌륭한 업적을 남긴 베버가 정치인에게 남긴 말로, 《직업으로서의 정치》에 나오는 표현입니다. 원문은 '정치란 열정과 판단의 두 가지를 구사하며 단단한 나무 판자에 힘을 주고 서서히 구멍을 뚫는 작업이다'라는 문장 뒤에 이어지는 말이었습니다.

그러나 이것은 정치에 국한되는 이야기만은 아닙니다. 아무리 어렵게 느껴지는 일일지라도 끈질기게 도전해 나가는 자세가 필요하다는 의미로, 우리 삶에 적용시킬 수 있는 명언이라고 생각합니다.

45

成功<ruby>成功<rt>せいこう</rt></ruby>とは、人生<ruby><rt>じんせい</rt></ruby>において得<ruby><rt>え</rt></ruby>た地位<ruby><rt>ち い</rt></ruby>によって測<ruby><rt>はか</rt></ruby>るのではなく、

成功<ruby><rt>せいこう</rt></ruby>するために打<ruby><rt>う</rt></ruby>ち勝<ruby><rt>か</rt></ruby>った障害<ruby><rt>しょうがい</rt></ruby>によって測<ruby><rt>はか</rt></ruby>るべきことを、

私<ruby><rt>わたし</rt></ruby>は学<ruby><rt>まな</rt></ruby>んだのである。

ブッカー・T・ワシントン


성공이란 인생에서 얻은 지위로 측정하는 것이 아니라

성공하기 위해서 이겨 낸 장애로 측정해야 한다는 것을

나는 배운 것이다.

부커 T. 워싱턴

成功とは、人生において得た地位によって測るのではなく、

成功するために打ち勝った障害によって測るべきことを、

私は学んだのである。

～において ~에 있어서, ~에서 | 得(え)る 얻다 | 地位(ちい) 지위 | ～によって ~에 의해, ~에 따라, ~로 | 測(はか)る 재다, 측정하다 | ～ために ~(하)기 위해 | 打(う)ち勝(か)つ 이기다, 이겨 내다 | 障害(しょうがい) 장애, 장해 | 学(まな)ぶ 배우다

## 부커 T. 워싱턴 (1856 – 1915)

미국의 흑인 해방 운동에 앞장선 지도자로, 교육자이자 작가이기도 하다. 강경파 흑인으로부터 '타협주의'라고 비판을 받기도 했으나 교육을 중심으로 한 흑인 인권 운동에 크게 이바지했다.

( 명언 해설 노트 )

19세기 말부터 20세기 초에 걸쳐 미국의 흑인 인권 운동에 헌신한 그는, 경험상 흑인이 미국 사회에서 성공하는 길은 백인과 달리 매우 험난한 길임을 잘 알고 있었습니다. 제한된 자리와 지위로 사람을 평가하는 것이 아니라 어떤 장애물을 극복해 왔는가로 평가해야 한다는 것을 말하고 있습니다. 이와 같은 사상은 심훈의 《상록수》에도 반영되었다고 합니다.

# 10장

## 교훈

원어 낭독

46~50

# 教訓 (きょうくん) 쿄-쿤-

**過去の経験や出来事から得られること**

과거의 경험이나 일어난 일에서 얻을 수 있는 것

인간은 과거의 경험과 실수를 교훈 삼아 다음 행동을 수정하며 발전시켜 갑니다. 한때 일본에서 화제가 된 광고가 있습니다. 원숭이가 실수를 뉘우치는 듯한 표정의 사진과 함께 '반성만이라면 원숭이도 할 수 있다(反省だけなら猿にも出来る)'라는 카피가 써 있는 광고였습니다. 여기서 원숭이는 실질적 행동은 변화시킬 생각은 없으면서 입으로만 변화한 것처럼 떠드는 사람을 풍자한 것이라고 합니다. 우리도 진정 발전하고 교훈을 얻고자 한다면 '흉내'가 아니라 '실천'이 필요합니다.

何人<sub>なんにん</sub>かで作業<sub>さぎょう</sub>を行<sub>おこな</sub>えば、必<sub>かなら</sub>ず私<sub>わたし</sub>の先生<sub>せんせい</sub>となる者<sub>もの</sub>がいる。

善良<sub>ぜんりょう</sub>な人<sub>ひと</sub>を選<sub>えら</sub>んで模範<sub>もはん</sub>とし、劣等<sub>れっとう</sub>な人<sub>ひと</sub>からは反省<sub>はんせい</sub>の材料<sub>ざいりょう</sub>を得<sub>え</sub>る。

孔子<sub>こうし</sub>

몇 사람이 같이 작업을 하다 보면, 반드시 그 중에 나의 스승이 되는 사람이 있다.

선량한 사람을 골라 모범으로 삼고, 열등한 사람으로부터는 반성의 재료를 얻는다.

공자

何人かで作業を行えば、必ず私の先生となる者がいる。

善良な人を選んで模範とし、劣等な人からは反省の材料を得る。

공자 (B.C 551 – 479)

중국 춘추 시대의 사상가로, 유학의 기초 경전을 정립했으며, 신분제 질서와 인도(仁道)정치를 제창했다. 제자들이 엮은 《논어》에는 그의 언행과 사상이 잘 나타나 있다.

[ 명언 해설 노트 ]

여러 사람이 모여 일을 함께 하다 보면 자연스럽게 각 사람에 대해 평가하게 됩니다. 일을 잘하는 사람이 있으면 따라 하고, 못하는 사람이 있으면 무엇이 문제인지 반성하는 기회로 삼는다면 다음 작업에서도 좋은 결실을 얻을 수 있습니다.

종종 타인의 본보기가 되었던 공자도 자신보다 훌륭한 사람에게 배우고, 그렇지 못한 사람을 통해서도 교훈을 얻으려는 겸허함을 잊지 않았나 봅니다.

## 47

人間が自分の人生から学び取ることのできる最も重要な教訓は、

この世には苦しみがあるということではなく、

苦しみを活用するかどうかはわれわれ次第であり、

苦しみは喜びに変わるということである。

ラビンドラナート・タゴール

인간이 자신의 인생에서 배울 수 있는 가장 중요한 교훈은,

이 세상에는 고뇌가 있다는 것이 아니라,

고뇌를 활용할지 말지는 우리 하기 나름이며,

고뇌는 기쁨으로 바뀔 수 있다는 것이다.

라빈드라나트 타고르

人間が自分の人生から学び取ることのできる最も重要な教訓は、

この世には苦しみがあるということではなく、

苦しみを活用するかどうかはわれわれ次第であり、

苦しみは喜びに変わるということである。

自分(じぶん) 자기, 자신 | 学(まな)び取(と)る 배우다, 습득하다 | 重要(じゅうよう)だ 중요하다 | 世(よ) 세상 |
苦(くる)しみ 괴로움, 고통, 고뇌 | 活用(かつよう)する 활용하다 | われわれ 우리(들) | 次第(しだい)
나름 | 喜(よろこ)び 기쁨 | 変(か)わる 변하다, 바뀌다

# 라빈드라나트 타고르 (1861 - 1941)

인도의 시인이자 사상가이며 작곡가로도 활동했다. 유복한 집안에서 태어나 영국에서 유학을 하기도 했으나, 인도의 하층 계급 사람들의 지혜와 문화를 사랑했다. 1913년에는 시집 《기탄잘리》로 아시아 최초로 노벨 문학상을 수상했다.

## 명언 해설 노트

'생로병사'라는 말이 있듯이 인간은 태어난 순간부터 죽음에 이를 때까지 고통과 기쁨의 시간이 끊임없이 반복됩니다. 그러나 고통과 기쁨 모두 영원하지는 않습니다. 고통의 순간에 직면했을 때, 우리는 타고르의 이 말을 떠올려 보면 좋을 것 같습니다. 고통을 어떻게 활용할지는 우리 자신에게 달려 있으며, 고통과 고뇌의 경험은 곧 깨달음과 기쁨을 가져다 준다는 사실을 말입니다.

## 48

後悔<sup>こうかい</sup>するな。

そして人<sup>ひと</sup>を非難<sup>ひなん</sup>するな。

それが英知<sup>えいち</sup>に至<sup>いた</sup>る第一歩<sup>だいいっぽ</sup>だ。

ドゥニ・ディドロ

후회하지 마라.

그리고 남을 비난하지 마라.

그것이 예지에 이르는 첫걸음이다.

드니 디드로

後悔するな。

そして人を非難するな。

それが英知に至る第一歩だ。

## 드니 디드로 (1713 - 1784)

프랑스의 계몽주의 철학자로, 작가이자 미술 평론가이기도 하다. 18세기 계몽사상 시대에 백과전서를 편찬한 '백과전서파'의 중심 인물로, 프랑스 혁명을 사상적으로 준비한 것으로 알려져 있다.

( 명언 해설 노트 )

디드로는 어떤 행동의 과정과 결과를 두고 되돌아볼 때, 다음의 두 가지를 유의하라고 말하고 있습니다. 그 하나는 '나쁜 결과나 미흡한 결과에 대해 '후회' 등의 부정적 감정에 잠기지 말 것', 그리고 또 하나는 '실패를 남의 탓으로 돌리지 말 것' 이 두가지를 강조하고 있습니다. 그런 긍정적인 태도를 통해, 이후 타인으로부터 협력을 이끌어낼 수 있고, 해결의 실마리도 잡을 수 있게 되기 때문입니다.

# 49

観察と反省の力によって人は道を見つけるものです。

だから私たちは絶えず掘り下げなければなりません。

クロード・モネ

관찰과 반성의 힘으로 사람은 길을 찾아내는 것입니다.

그래서 우리는 끊임없이 파고들어야만 합니다.

클로드 모네

観察と反省の力によって人は道を見つけるものです。

だから私たちは絶えず掘り下げなければなりません。

観察(かんさつ) 관찰 | 反省(はんせい) 반성 | 見(み)つける 찾아내다, 발견하다 | 絶(た)えず 늘, 끊임없이 |
掘(ほ)り下(さ)げる 파내려 가다, 파고들다

## 클로드 모네 (1840 - 1926)

프랑스의 인상주의 회화의 창시자이다. 자연, 풍경, 정원 등을 대상으로 빛과 색상의 변화를 그려내는 화법을 사용했으며, 특히 '수련' 시리즈가 유명하다.

( 명언 해설 노트 )

이 명언은, 일반적인 인생론처럼 표현되어 있지만, 그의 그림에 대한 기법이나 철학이 녹아 있는 말이기도 합니다. 예를 들어 그의 그림의 소재로 자주 등장하는 수련은 약 250점에 달하는 작품이 있지만, 끊임없는 '관찰'을 통해 모두 다 다른, 다양한 모습의 수련을 찾아내어 그림으로 표현했습니다. 결국 그의 모든 작품은 '끊임없이 관찰하고 파고든' 결과의 산물이었던 것입니다.

## 50

私<sup>わたし</sup>たちが航海<sup>こうかい</sup>している人生<sup>じんせい</sup>という大<sup>おお</sup>きな海<sup>うみ</sup>では、

理性<sup>りせい</sup>は羅針盤<sup>らしんばん</sup>、情熱<sup>じょうねつ</sup>は疾風<sup>しっぷう</sup>である。

アレキサンダー・ポープ

우리가 항해하고 있는 인생이라는 커다란 바다에서는

이성은 나침반, 열정은 질풍이다.

알렉산더 포프

私たちが航海している人生という大きな海では、

理性は羅針盤、情熱は疾風である。

航海(こうかい)する 항해하다 | ～という ~라는 | 大(おお)きな 큰, 커다란 | 海(うみ) 바다 | 理性(りせい)
이성 | 羅針盤(らしんばん) 나침반 | 情熱(じょうねつ) 정열, 열정 | 疾風(しっぷう) 질풍

## 알렉산더 포프 (1688 - 1744)

18세기 계몽주의 시대의 영국 시인이자 번역가로, 문체가 수려하고 우아하여 상류 사회에서 널리 지지를 받았다. 풍자적인 내용의 시도 많이 남겼으며, 호메로스의 《일리아드》,《오디세이》의 번역과 수필 집필 등 폭넓은 활약을 보여 주었다.

### 명언 해설 노트

계몽주의 시대에 살았던 시인답게 알기 쉬운 표현으로 간결하게 진리를 표현하고 있습니다. 항해를 할 때, 정확하게 방향을 잡기 위해서는 나침반이 반드시 필요합니다. 그러나 거친 파도를 넘어 배를 앞으로 나아가게 하는 힘은 질풍과 같은 열정입니다. 열정과 이성은 나이와 상관없습니다. 인생이라는 바다에서 우리는 모두 항해자입니다.

# 일본어로 채우는
# 명언 필사 노트

| | |
|---|---|
| 초판 인쇄 | 2025년 12월 22일 |
| 초판 발행 | 2026년 1월 12일 |

| | |
|---|---|
| 편저자 | 무라야마 도시오(村山俊夫) |
| 편집 | 조은형, 김성은, 오은정 |
| 펴낸이 | 엄태상 |
| 디자인 | 이건화 |
| 일러스트 | 최예나 |
| 조판 | 김성은 |
| 콘텐츠 제작 | 김선웅, 이다빈, 조현준, 윤여명, 장형진 |
| 마케팅 | 이승욱, 노원준, 조성민, 이선민, 김동우 |
| 경영기획 | 조성근, 최성훈, 김로은, 최수진, 오희연 |
| 물류 | 정종진, 윤덕현, 신승진, 구윤주 |

| | |
|---|---|
| 펴낸곳 | 시사일본어사(시사북스) |
| 주소 | 서울시 종로구 자하문로 300 시사빌딩 |
| 주문 및 교재 문의 | 1588-1582 |
| 팩스 | 0502-989-9592 |
| 홈페이지 | www.sisabooks.com |
| 이메일 | book_japanese@sisadream.com |
| 등록일자 | 1977년 12월 24일 |
| 등록번호 | 제 300-2014-92호 |

ISBN  978-89-402-9458-1 (13730)